Walter Nuth

FRAINING®

Walter Nuth

FRAINING®

Der neue Weg zum körperlichen und mentalen Wohlbefinden

Trainerverlag

Impressum / Imprint
Bibliografische Information der Deutschen Nationalbibliothek: Die Deutsche Nationalbibliothek verzeichnet diese Publikation in der Deutschen Nationalbibliografie; detaillierte bibliografische Daten sind im Internet über http://dnb.d-nb.de abrufbar.
Alle in diesem Buch genannten Marken und Produktnamen unterliegen warenzeichen-, marken- oder patentrechtlichem Schutz bzw. sind Warenzeichen oder eingetragene Warenzeichen der jeweiligen Inhaber. Die Wiedergabe von Marken, Produktnamen, Gebrauchsnamen, Handelsnamen, Warenbezeichnungen u.s.w. in diesem Werk berechtigt auch ohne besondere Kennzeichnung nicht zu der Annahme, dass solche Namen im Sinne der Warenzeichen- und Markenschutzgesetzgebung als frei zu betrachten wären und daher von jedermann benutzt werden dürften.

Bibliographic information published by the Deutsche Nationalbibliothek: The Deutsche Nationalbibliothek lists this publication in the Deutsche Nationalbibliografie; detailed bibliographic data are available in the Internet at http://dnb.d-nb.de.
Any brand names and product names mentioned in this book are subject to trademark, brand or patent protection and are trademarks or registered trademarks of their respective holders. The use of brand names, product names, common names, trade names, product descriptions etc. even without a particular marking in this works is in no way to be construed to mean that such names may be regarded as unrestricted in respect of trademark and brand protection legislation and could thus be used by anyone.

Coverbild / Cover image: www.ingimage.com

Verlag / Publisher:
Der Trainerverlag
ist ein Imprint der / is a trademark of
OmniScriptum GmbH & Co. KG
Heinrich-Böcking-Str. 6-8, 66121 Saarbrücken, Deutschland / Germany
Email: info@verlag-trainer.de

Herstellung: siehe letzte Seite /
Printed at: see last page
ISBN: 978-3-8417-5082-2

Copyright © 2014 OmniScriptum GmbH & Co. KG
Alle Rechte vorbehalten. / All rights reserved. Saarbrücken 2014

Vorwort

Dieses Buch beschreibt am Beispiel der vier Elemente Lifestyle, Ernährung, Bewegung und Mentale Balance, wie sich der sogenannte moderne Mensch aus seinem selbstverschuldeten Dilemma des Getriebenen und Anfälligen befreien kann. „Fraining®, die einfache Anleitung zum Glücklichsein" ist die längst fällige Zusammenfassung all dessen, was an einschlägigem Wissen seit Jahrzehnten in der Öffentlichkeit kursiert – und diese meist verunsichert. Das Buch ist auch eine Antwort auf die grassierende „Tippitis", zu der sich alle möglichen Experten und Organisationen aufgerufen fühlen, wenn es darum geht, die Menschheit mit ihrer Sicht vom erfüllten Leben zu beglücken. Bei genauem Hinsehen handelt es sich bei diesen Tipp- und Ratgebern jedoch nur um selektive Anregungen. Niemals wird der Mensch in seiner gesamten Dimension wahrgenommen ein Defizit, das dieses Buch erst gar nicht aufkommen lässt.

Fraining ist eine Methode, die flexibel alle möglichen Alternativen auf ihre Effizienz abklopft. Sie ist die Grundlage einer umfassenden personalen Analyse, deren Ziel es ist, zu zeigen, wie sich aus dem Dilemma entkommen lässt. Ein Dilemma, in das der Mensch vom Alltag wie auch durch die Umstände immer wieder getrieben wird. Fraining ist keine Geheimwissenschaft. Seine Umsetzung ist, weil es auf das Individuum bezogen ist, von einer überraschenden Einfachheit und bereitet darüber hinaus große Freude. Das Motto lautet: „Mit Spaß zum Erfolg." Flexibilität ist trainierbar.

Dazu wird es auch höchste Zeit. Denn wir kommen nicht um die Feststellungen herum, dass uns die Muskulatur wegen ihrer Verhärtung und Verkürzung ständig Streiche spielt. Mit ähnlich verhärteten Strukturen haben wir es beim Denken, beim Lebensstil und den Essgewohnheiten zu tun. Weil aber dieses alles im wahrsten Sinne des Wortes gelöst – also flexibel – gemacht werden kann, bietet sich eine Methode an, mit der wir diese Flexibilität trainieren können. Das ist Fraining!

Die Zahlen sprechen eine deutliche Sprache: 766 Millionen Euro werden in Deutschland Jahr für Jahr für Antidepressiva ausgegeben, rund sieben Milliarden Euro fliessen in die Rehabilitation bei unterschiedlichen Krankheitsbildern, 10.021 Menschen verabschieden sich vom Leben durch Selbstmord (2010).

Das alles kommt nicht von ungefähr. Doch völlig losgelöst von der Ursachenforschung stellt sich für viele Menschen die Frage: Was kann ich tun, um – erstens – diese Gefahren zu erkennen; zweitens, um ihnen zu entgehen und – drittens – um schließlich in einem Leben anzukommen, das ich mir immer gewünscht habe? Mit anderen Worten: Wie kann ich mir eine Existenz zwischen Sicherheit und Harmonie aufbauen und erhalten?

Viele Menschen sind bei der Beantwortung dieser existenziellen Fragen völlig überfordert. Dann wird der Ruf nach Hilfe laut. Eine einfache Antwort kann nur das vertrauensvolle Zusammenspiel mit einem persönlichen Coach geben.

Inhalt

Inhalt 3
Kapitel 1: Fraining® 5
   1. À la carte statt Eintopf 6
   2. Geschichten, die das Leben schreibt 7
Kapitel 2: Lifestyle 9
   1. Was der Mensch wirklich braucht 9
   2. Unsere Grundbedürfnisse 9
   3. Wo die Evolution versagt 10
   4. Ablaufstörungen 11
   5. Eil-Zeit oder Eiszeit? 12
   6. Eine Erfolgsstory: Joopi Heesters 15
   7. Leben im Wandel – oder: Fraining als Lebenselixier 16
   8. Fraining, eine neue Form von Lifestyle 17
   9. Quintessenz 18
Kapitel 3: Ernährung 20
   1. Der Mensch – Endprodukt einer langen Testreihe 21
   2. Ackerbau – Fluch und Segen 23
   3. Neue Realitäten 24
   4. Riskantes Schlaraffenland 25
   5. Warum uns die Nahrung krank machen kann und was wir dagegen tun können 26
   6. Du bist was Du isst 26
   7. Fraining und Ernährung 27
   8. Erfolgsbeispiele 27
   9. Wenn Kohlenhydrate, dann besser aus rohen Pflanzen 28
   10. Wichtige Flüssigkeit 28
   11. Frainer wissen: Alkohol, Koffein und spätes Essen belasten 29
   12. Alles Vollwert oder was? 29
   13. Frainer brauchen genügend Eiweiß 31
   14. Quintessenz 31
Kapitel 4: Bewegung 32
   1. Savannen-Champion 32
   2. Die Maschine Mensch und wie sie funktioniert 32
   3. Sitzgesellschaft 33
   4. Apropos Muskeln 34
   5. Wenig Bewegung 36
   6. Leben heißt, sich bewegen 38
   7. Was Fraining bewirkt 39
   8. Abgestimmt statt nachgeäfft 40

- 9. Gecheckte Muskeln ... 41
- 10. Länger ist besser ... 41
- 11. Muskelpower ... 42
- 12. Die Ballerina in uns ... 42
- 13. Muskelpflege ... 43
- 14. Quintessenz ... 44

Kapitel 5: Mentale Balance ... 45
- 1. Ein neuer Gesellschaftsvertrag ... 45
- 2. Vom Ich, dem Über-Ich und dem Es ... 46
- 3. Gipfelstürmer ... 47
- 4. Fraining – der mentale Weg ... 47
- 5. Wohlbefinden ist lernbar ... 48
- 6. In Corpore sano ... 49
- 7. Ständiges Berieseln macht krank ... 50
- 8. Zufriedene Menschen sind gelöst, unzufriedene angespannt ... 51
- 9. Das Märchen von One fits all ... 52
- 10. Die Kraft mentaler Balance ... 53
- 11. Euphorie, der beste Motivator ... 53
- 12. Führung durch Begeisterung ... 54
- 13. Quintessenz ... 54

Fraining® – Plädoyer für eine neue Idee ... 56

Kapitel 1: Fraining®

Als Karl Armbrust vom Scheidungsrichter wieder in sein Mini-Appartement zurückkam, schüttelte ihn eine gewaltige Depression. Frau weg, Geld weg, Job weg. „Diesen Dreierschlag kennen wir", sagt Rupert von Katzler, Scheidungsanwalt in München. „Manchmal ist er so heftig, dass der Mandant aus der Bahn geworfen wird." Armbrust hatte „Glück". Er nahm nur 20 Kilo zu. Doch das Frustfressen bescherte Schlaflosigkeit, Rückenschmerzen und nächtliche Panikattacken. Dieser Zustand verschlimmerte sich, als die Ex den alten Faden wieder aufnehmen wollte, um ihn schon bald wieder zu zerschneiden. Am Ende dieser Schmerzspirale stand Armbrust kurz vor dem Burnout.

Armbrust zählt zur klassischen Klientel. Denn alles, was er zur Verbesserung seiner Lebenssituation unternahm, verpuffte wirkungslos. Zahllose Diätversuche, Fitness-Abo, Psychotherapie, frühes zu Bett gehen – alles für die Katz. Heute weiß Armbrust, weshalb er so viel Zeit verplempert und so viel Geld verballert hat: Jede seiner Rettungsmaßnahme war eine Einzelaktion – zusammen ein Potpourri von Aktivitäten, die nicht aufeinander abgestimmt waren.

Nachdem Karl Armbrust den Personaltrainer August H. Knopf zufällig in der Autowerkstatt traf, wendete sich das Blatt. Die beiden Männer kamen ins Gespräch und Armbrust geriet ins Erzählen. Schon nach acht Minuten stand für den anderen die Diagnose fest. Knopf: „Kurz vor dem Burnout, Adipositas – und sonst noch weitere Feinheiten."

Die folgende Geschichte ist kurz erzählt. Nach der Diagnose konzipierte Knopf die Therapie. Und das war Fraining. Diesen Begriff hatte Armbrust bis zu diesem Zeitpunkt noch nie gehört. Das ist auch kein Wunder, denn hier handelt es sich um ein Akronym von Flexibilität und Training. Darin liegt auch der Schlüssel dieser neuen, bahnbrechenden Methode.

Stichwort Flexibilität: Das alleinseligmachende Mittel gibt es nicht, auch nicht, wenn es um die Bewältigung von Lebenskrisen geht. In der Praxis heißt das, dass nur jene Aktivitäten angepackt werden, die zu der jeweiligen Person auch wirklich passen. Im Fall Armbrust bedeutete das, dass die FdH-Diät von ihm nicht durchgehalten werden konnte; auch das tägliche Joggen war zu viel. Weil diese beiden wichtigen Kriterien, wenn überhaupt, falsch dosiert waren, wurde aus der angestrebten Ent- eine Belastung. Der zusätzliche Stress führte zur völligen Erschöpfung. Knopf konzipierte nach einem intensiven Interview einen ganz speziellen, individuellen Ernährungs- und Bewegungsplan; er strukturierte gemeinsam mit Armbrust einen neuen Tagesablauf und brachte ihm mentale Entspannungsmethoden bei.

Stichwort Training: Nur gezieltes Üben verbessert die Situation. Das bedeutet, dass im Vorfeld ein individueller Plan aufgestellt wird, mit Aktivitäten, die den Frainer ansprechen. Keine Zwangsmaßnahmen, keine Quälerei – sondern einfach nur mit Spaß zum Erfolg. Weil Armbrust in besseren Zeiten ein passionierter Wanderer war, wurde das Hobby reaktiviert. Parallel dazu ergab sich, dass es für Armbrust keine Staatsaktion war, auf Brot zu verzichten. Die Liebe zur Klassischen Musik war ein weiterer Meilenstein auf dem Weg zum Erfolg.

Was sich jetzt so unspektakulär liest, sind Einzelaspekte eines Gesamtgemäldes. Dieses lässt sich mit den Begriffen „Entspannung", „Bewegung", „Ernährung" und „Lifestyle" beschreiben. Für Armbrust waren diese vier Worte der Rettungsanker – mit dramatischen Konsequenzen: Er schlief besser, hatte wieder mehr Power und nahm zusehends ab. Bei so viel Lebensenergie blieb das Lebensglück nicht fern. Bei einer seiner Spaziergänge fand er das, was er heute „die Liebe meines Lebens" nennt.

1. À la carte statt Eintopf

Frainer sollen wählen dürfen: Was ist für mich und meine aktuelle Situation die adäquate Strategie? Dann stellt sich die Frage: Soll es tatsächlich die Muckibude sein, oder tut es nicht auch ein Zwei-Stunden-Spaziergang mit dem Entspannungsbad hinterher? Muss ich wirklich in vier Wochen 20 Kilo abnehmen, oder passt mein Gewicht doch zu meinem Typ? Will ich tatsächlich für immer auf all' die leckeren Sachen verzichten, die ich doch so gerne mag? Muss ich wirklich so elastisch sein wie ein indischer Yogi? Muss ich tatsächlich auf alles verzichten, wenn ich mich damit freudlos durch meine Tage quäle?

Fraining für alle: Es gehört zur Philosophie von Fraining, dass es von jedem an jedem Ort und zu jeder Zeit gemacht werden kann. Es gibt keine Zulassungsprüfungen, keinen Gruppenzwang und auch keine Pflichten. Und: Der Geldbeutel spielt, wie sonst üblich, keine Rolle.
Vier Schritte zum Erfolg: Nach der Standortbestimmung (Was sind meine Wünsche?) plant der Frainer en detail (Welche Aktivitäten kommen für mich in Frage?), um sein individuelles Programm zu starten (Wohin will

ich?) – um dieses dann hinterher, falls erforderlich notfalls noch einmal völlig neu zu gestalten (Passt es noch zu mir?). Diese Mischung aus Übung und Anpassung ist Fraining.

Bei der Standortbestimmung geht es um eine ehrliche Analyse der eigenen Situation. Hilfreich ist auch hier eine Art Bilanz, die sich auf einem Blatt Papier ausdrücken lässt: Soll & Haben oder: Was ich mag und was ich nicht mag. Damit wird einem schnell die eigene Situation samt ihren Bedürfnissen klar – Grundvoraussetzung für den zweiten Schritt. Dabei geht es um die Realisierung der Ziele. Und hier ist herauszufinden, welcher Weg mein Weg ist. Dabei muss die ausgesuchte Lösung nicht unbedingt der Königsweg sein. Gerade hier gibt es das „Recht auf Irrtum" (Flexibilität); stures Verharren ist kontraproduktiv. Völlig undogmatisch wird auch der Aspekt „Begleitung" behandelt. Nirgendwo steht geschrieben, dass an jeder Weggabelung die hilfreiche Hand wartet. Jeder Frainer kann selbst nach eigenem Ermessen – natürlich im Rahmen seiner individuellen Zielvorgabe – die Feinjustierung vornehmen. Auch das macht Fraining aus und unterscheidet es von anderen Methoden.

2. Geschichten, die das Leben schreibt

Alfred Braun, Filmkaufmann aus Frankfurt am Main, hetzt von einem Termin zum anderen. Für das Essen nimmt er sich nur wenig Zeit. Er schlingt schnell und meist ungekaut runter. Sodbrennen und heftiger Reflux sind die Folgen. Und wenn er sich nicht gerade in der Kantine aufhält, sitzt er am Schreibtisch oder im Auto. Geschafft vom Tag, rollt er sich mit Bier und Chips vor den Fernseher. Dort wird er gegen 2 Uhr wach und schleicht ins Bett. Morgens steht er total gerädert auf. Er hält sich mit Kaffee wach, ist fahrig und unkonzentriert und findet einfach keine Ruhe mehr. Brauns Probleme bestanden darin, dass er glaubte, er müsse alles selbst machen. Die Folge dieser Verzettelungsarie war ein chaotischer Tagesablauf. Die berühmte Work-Life-Balance hatte Schlagseite. Erst die Strukturierung des Tages schuf jene dringend benötigten Freiräume. Endlich konnte er wieder in Ruhe essen und zum Spinning gehen. Dann konnte er auch besser schlafen – ein fitter und ausgeglichener Mensch erfreute seine Umgebung.

Melitta Berg ernährt sich nur vollwertig. Trotzdem plagen sie immer wieder Blähungen und Völlegefühl. Die Nichtraucherin und Antialkoholikerin plagt sich vier Mal pro Woche drei Stunden lang durchs Fitnessstudio. Sie kocht alles selbst und kauft nur Bio-Produkte. Sie nimmt regelmäßig Vitamine und besucht Gesundheitsvorträge. Dennoch schläft sie schlecht, wird mitten in der Nacht wach und ist oft völlig erschöpft und energielos.

Nach einem Allergietest diagnostiziert der Hausarzt neben zahlreichen Nahrungsmittel-Allergien eine Gluten-Unverträglichkeit. Schon rasch stellte sich heraus, dass in Melitta Bergs Schlafzimmer die Straßenlampe hineinleuchtet. Bei der Analyse ihrer Trainingspläne wurde auch klar, dass diese nicht auf ihre körperlichen Bedürfnisse abgestimmt waren.

Melitta Bergs neue Strategie räumte mit diesen Missverständnissen auf. Als erstes wurden die Allergie auslösenden und glutenhaltigen Nahrungsmittel vom neuen Speiseplan gestrichen. Zweitens sorgten neue Rollläden für totale Dunkelheit im Schlafzimmer und drittens bescherte der neue, höchst funktionelle Trainingsplan endlich den gewünschten Erfolg im Fitness-Studio. Ausgeschlafen und ohne lästige Blähungen konnte die 30-Jährige ungewohnte Komplimente entgegennehmen: „Warst du gerade im Urlaub – du siehst so erholt aus."

Klaus Ellerwald ist übergewichtig und liebt Schokolade. Er hat schon viele Diäten ausprobiert, kann aber sein Gewicht von 98 Kilogramm nicht lange halten. Er bewegt sich nicht sehr gerne und liegt am liebsten mit einem guten Buch auf der Couch. Er muss morgens früh raus und kommt abends spät nach Hause. Als Portier bei einem Stuttgarter Energieversorger sitzt er den ganzen Tag und muss sich oft den Unmut der Kundschaft anhören. In seiner Freizeit schläft er viel, ist aber trotzdem schnell erschöpft und lustlos.

Während des Gesprächs kristallisierte sich eine verborgene und schon lange nicht mehr praktizierte Leidenschaft – Lateinamerikanische Tänze. Dieses Hobby, das ihm einst sehr viel bedeutete, nahm er wieder auf, mit dem Ergebnis, dass er nach Samba und Salsa viel besser als sonst schlafen konnte. Damit gab sich der Mann aus Stuttgart aber nicht zufrieden. Es fehlte noch ein wenig an der Kondition. Die holte er sich auf zwei Wegen: Über die Low Carb-Ernährung und als Radfahrer nach Feierabend.

So unterschiedlich alle drei Fälle auch sind – eines haben sie gemeinsam: Wer bei Fraining nichts findet, wird nirgendwo fündig. Denn das Geheimnis dieser neuen, ganzheitlichen Methode besteht in der Kombination von wohlfühlenden, machbaren und zielgerichteten Einzelschritten.

Kapitel 2: Lifestyle

1. Was der Mensch wirklich braucht

Der sogenannte moderne Mensch ist nichts anderes als ein verkleideter Neandertaler. Er wird von Zivilisationskrankheiten gequält, und zwar deshalb, weil sein Körper nicht für unsere Zeit „ausgelegt" ist: Rücken, Bandscheiben, Diabetes, Knie, Bluthochdruck, Migräne und Allergien lauten seine neuralgischen Punkte. Stöckelschuhe und Asphalt gab es in den Höhlen und auf der Savanne nicht. Auch keine ledernen Bürosessel, Klimaanlagen, Supermärkte oder Autos. Die Evolutionswissenschaftler sagen: Das biologische Erbe steckt in den Genen und ist noch lange nicht im 21. Jahrhundert angekommen. Das heißt, der Chip von dir und mir ist noch immer auf Steinzeit programmiert.

Damals begannen die Aktivitäten bei Tagesanbruch und endeten meist nach Sonnenuntergang. Der Wirkungskreis war klein und überschaubar. Entfernungen wurden zu Fuß überwunden. Kranke oder Verletzte starben in dieser Gesellschaft von Jägern und Sammlern öfter und schneller. Der Fortpflanzungserfolg hing von der Nahrungsmenge und den Witterungsverhältnissen ab. Männer mussten stark und wehrhaft sein. Frauen kommunikativ und fruchtbar. Die Gruppen waren zunächst klein. Erst vor rund 10 000 Jahren, mit dem Ackerbau, wurde der Mensch in größeren Gruppen sesshafter und konnte auch Hungerszeiten besser überstehen. Wissen und Erfahrungen wurden mündlich von Generation zu Generation weitergegeben. Das Leben orientierte sich ausschließlich an der Natur mit ihren jeweiligen Jahreszeiten. Die so entstandenen Grundbedürfnisse steuern noch heute unser Leben.

2. Unsere Grundbedürfnisse

Diese Grundbedürfnisse wurden von dem amerikanischen Psychologen Abraham H. Maslow (1908-1970) definiert und von ihm in seiner mittlerweile berühmten, nach ihm benannten Pyramide dargestellt. Bei diesem Erklärungsmuster handelt es sich um verschiedene Schichten, die stufenähnlich funktionieren: Sobald die eine Stufe bewältigt ist, das heißt, wenn die Bedürfnisse aus der unteren Stufe erfüllt sind, melden sich neue Bedürfnisse – und diese liegen auf der folgenden Stufe.

Konkret bedeutet das, erst wenn grundlegende Bedürfnisse erfüllt sind, kann sich das Individuum auf Neues konzentrieren – und damit weiterentwickeln. Die Befriedigung dieser Grundbedürfnisse ist aber von so existenzieller Bedeutung, dass der Mensch alles unternehmen wird, bis er sein Ziel erreicht hat. Erst dann nimmt er sich die nächste Stufe vor, deren Anreize ihn bis zu diesem Zeitpunkt nicht interessiert hatten.

Nur wer seine Grundbedürfnisse erkennt, seine Energien nutzt, kann zufrieden und gesünder leben.	
A. Körperliche Grundbedürfnisse	**B. Seelische Grundbedürfnisse**
1. Atmen	1. Anerkennung
2. Trinken	2. Liebe = Freude
3. Essen	3. Harmonie
4. Schlafen	4. Geborgenheit
5. Sauberkeit / Hygiene	5. Selbstverwirklichung
6. Wasserlassen	
7. Stuhl absetzen	
8. Wärme- und Kälteschutz	
Werden alle körperlichen und seelischen Grundbedürfnisse erfüllt, wird der Mensch zufrieden.	

3. Wo die Evolution versagt

Keinen Menschen zieht es heute mehr in die Höhle zurück, obwohl er „genetisch" dort hingehört. Der Stempel der Evolution lässt sich nicht so leicht abwaschen. Dazu braucht es noch einige hunderttausend Jahre. Millionen Jahre lebten die Ahnen im Einklang mit ihrer Umgebung. Die sogenannte moderne Zivilisation bringt es geradeaml auf 100 Jahre – ein Klacks für jeden Naturwissenschaftler.
Beispiel Licht. Damit ist das künstliche Licht gemeint. Während man Jahrmillionen lang mit der Sonne wach wurde und sich mit

hereinbrechender Dämmerung zur Ruhe legte, brennen heute unaufhörlich alle Lampen. Durch die wachsende Bevölkerung und die Industrialisierung nimmt diese Lichtverschmutzung ständig zu. Das hat für den Biorhythmus dramatische Folgen; die Nacht wird zum Tag und umgekehrt. In der Schlafmedizin ist seit Jahrzehnten bekannt, dass immer mehr Menschen immer schlechter und kürzer schlafen. Der amerikanische Krebsexperte Russel J. Reiter rät daher, bei völliger Dunkelheit zu schlafen. Reiter kam bei seiner Arbeit zu dem Ergebnis, dass die nächtliche „Erleuchtung" Krebs produziert. Und dennoch strahlen Millionen von Nachtlichtern, Funkwecker und Straßenlaternen in die Schlafzimmer.

Beispiel sozialer Kontakt. Der Hordenmensch von einst ist zum Individualisten mutiert. Zum Überleben braucht er das Rudel nicht mehr. Seine Jagdgründe liegen in der Tiefkühltruhe des Supermarktes und sein Schutz sind Password, Sicherheitstüren und Panzerglas. Herbst- und Schneestürme überlebt er ahnungslos in der „Wellness-Oase" oder in der Südsee. Die Natur rauscht mehr oder weniger an ihm vorüber. Das Training des Immunsystems bleibt dabei auf der Strecke. Er wird anfällig für alle möglichen Krankheiten. Kein Wunder, dass sich vor dieser neumodischen Entwicklung ein ganz besonderer Typus gebildet hat: Der Single, und damit auch der „Alleinerzieher".

Beispiel Mobilität. Das Auto erledigt alles, und wenn es das nicht ist, wird es mit dem ÖPNV gemacht. Während Christoph Columbus für seine epochemachende Entdeckungsreise 70 Tage brauchte, lässt sich die gleiche Tour heute in sieben Stunden erledigen. Dem Sprung zwischen den Zeitzonen und dem Jetlag haftet nichts Exotisches mehr an.

4. Ablaufstörungen

Bei der Betrachtung all dessen haben wir es mit Ablaufstörungen zu tun. Dabei hat doch die Natur den Gleichklang definiert. Wo Schlafmangel, fehlende soziale Kontakte und Immobilität zusetzen, sind andere Defizite nicht weit. Der umgetaktete Mensch wird krank. Denn die Regelmäßigkeit von Schlaf und Atmung, Nahrung und Bewegung, Entspannung und Erholung – allesamt archaische Abläufe – sind gestört.

Nichts verdeutlicht dieses Procedere mehr als jahrtausendalte Rituale. Sie wurden in erster Linie von Kriegern praktiziert und gelten noch heute in allen Armeen: Strukturierter Tagesablauf mit festen Essens-, Schlafenszeiten etc. Nur so lassen sich nach Überzeugung der Militärs

Kraft tanken und die Übersicht behalten. Schon im Neandertal schützen sich die Horden auf diese Weise. So simpel das alles scheint, so effizient sind diese Strukturen aber auch, weil sie den Biorhythmus berücksichtigen – also auch die Leistungstiefs, die den Menschen in aller Regel nachts um 3 und nachmittags um 3 erreichen.

5. Eil-Zeit oder Eiszeit?

Gesundheit ist unser höchstes Gut

Das wird von uns meist immer nur dann bewusst wahrgenommen, wenn sie gefährdet ist. Nach den Vorstellungen der meisten Zeitgenossen hat der Körper nur eine Funktion – er hat zu funktionieren. Dabei führen es uns Wissenschaftler wie Loren Cordain von der Colorado State University in Fort Collins deutlich vor Augen, welch filigrane Konstruktion unser Körper eigentlich ist: Das Produkt einer 30 Millionen Jahre währender Evolution. Dabei haben sich unsere Lebensumstände in den vergangenen 200 Jahren so drastisch verändert wie in keiner Epoche zuvor. Wofür die Evolution Millionen von Jahren benötigte, kann nicht in zwei Jahrhunderten völlig umgestellt werden, da kommt kein Körper mit.

Thema Tagesablauf: Einst gingen die Menschen mit hereinbrechender Dunkelheit schlafen und standen mit dem ersten Sonnenstrahl wieder auf. Sie bewegten sich sehr viel, aßen weniger und hatten engere soziale Bindungen. Die Nahrung bestand im Wesentlichen aus Wurzeln, Früchten, dem Fleisch freilebender Tiere und frischgefangenem Fisch. Kranke Menschen wurden von Mitteln aus der Apotheke Natur geheilt.

Alles in allem verlief dieses Leben viel regelmäßiger und ruhiger als heute. Würden wir diesen natürlichen Rhythmus wieder aufnehmen und ganz bestimmte moderne Errungenschaften bewusst nutzen, ginge es uns mit Sicherheit wesentlich besser; und nicht nur uns, auch Öko- und Sozialsysteme hätten etwas davon.

Wir leben in einer Zeit des permanenten Wandels. Alles muss sofort geschehen. Nur wenige nehmen sich noch Zeit. Man macht mal eben schnell. Schnell arbeiten, schnell essen, schnell trinken, schnell noch ´ne Mail, eine SMS oder ein Anruf. In dieser wahrhaftig schnelllebigen Zeit, geht es permanent zur Sache. Zu all diesem Zeitdruck kommt auch noch der Leistungsdruck. Nur keine Fehler machen.

Beat P., ein Programmierer aus Kreuzlingen, liefert das typische Beispiel für die heutige schnelle Lebens- und Arbeitsweise. Früh am Morgen um

5.15 Uhr klingelt der Wecker. Ab unter die Dusche, schnell noch einen Kaffee und dann im Eiltempo zum Bahnhof. Im Zug klappt er den Laptop auf, schliesst das Handy an und ist online. Das Meeting von gestern nochmal durchgehen. Neben ihm plappern zwei Frauen penetrant und laut. Beat schiebt sich das Headset rein und hat Mühe, sich zu konzentrieren. Schon tauchen die Schilder vom Airport-Bahnhof auf. Jetzt sind es noch 17 Minuten bis zum Hauptbahnhof, der Endstation. Nun rasch die Gedanken elektronisch speichern und raus ins Gewühl. Eine Mischung aus Zigarettenqualm, Schweißgeruch und Parfüm begleiten ihn bis in sein Büro an der Limmat. Dort jagt eine Sitzung die andere: Kunden beschweren sich, der Chef fordert sofortige Lösungen. Um 12 Uhr geht's in die Kantine, das Tages-Menü wird reingewürgt.

Um 12.30 Uhr schon wieder im Büro. Lösungsversuche am Rechner, der wie immer viel zu langsam ist. Der Kollege hatte eine bessere Idee, die muss er jetzt übertreffen. 17 Uhr noch eine Sitzung. Um 19.25 Uhr dann ab zum Bahnhof und in den Zug. Weiterarbeiten, den Laptop auf den Knien. 21.10 Uhr endlich zu Hause und total kaputt. Beat holt sich ein Bier aus dem Kühlschrank und knipst den Fernseher an.
Eine Tüte Chips ist sein Abendessen. Um 1.30 Uhr wird er vor der Glotze wach und wankt ins Bett. Nach einer kurzen traumlosen Nacht klingelt wieder der Wecker. Es ist 5.15 Uhr.

Etwas anders, aber nicht weniger hektisch verläuft der Tag bei Lisa. M. Die alleinerziehende Mutter zweier Kinder (3 und 7) aus Frankfurt-Sachsenhausen steht um 6 Uhr auf, macht nach der Morgentoilette das Frühstück, weckt die Kinder, präpariert sich für den Tag und bringt erst den Großen in die Schule und dann den Kleinen in den Hort. Auch heute ist es wieder wie fast immer: Sie schafft es nicht, pünktlich am Schreibtisch der Werbeagentur zu sitzen. Kollegen und Vorgesetzte quittieren das mit genervter Mimik und leise vor sich hingemurmelten Kommentaren. Auf dem Schreibtisch harrt ein lieblos aufgetürmter Haufen aus Papier der Abarbeitung. Es folgt der übliche

Entspannung: Nach dem Arbeitstag lauern viele Gefahren

Bürowahnsinn: Maulende Kollegen, schimpfende Kunden, maßloser Chef. So etwas muss jetzt rasch wieder raus. Am besten im Fitness-Studio. Zuvor noch schnell ein Eiweiß-Diät-Drink. Auf dem Stepper verfliegt die

Zeit. Nach 45 Minuten ist Schluss, Dusche, rüber ins Büro. Und jetzt wieder die alte Leier: Wie in den Monaten zuvor, ist Lisa M. auch nach dem Sport wieder ziemlich groggy; sie kann sich nur noch mit Kaffee und Energy Drinks wach halten. Aber das interessiert die Firma nicht. Sitzung vorbereiten, Post machen und Telefonate. Um 17.30 Uhr ist Feierabend. Im Hort wartet der Kleine und quengelt, weil Mami wieder zu spät kommt. Der Große vertreibt sich derweil in der Nachbarschaft die Zeit mit Computerspiel bei seinem Kumpel. Von dem will er auch heute wieder mal nicht weg. Große Überredungskunst ist dann zu Hause gefordert, den Zweitklässler zur Erledigung der Hausaufgaben anzuhalten. Unterdessen hat der Kleine die Blumenvase umgeworfen, den Teppich versaut und sich dabei in die Finger geschnitten. Bluttropfen zieren jetzt das Ledersofa. Nach dem „Sandmännchen" und dem Abendbrot geht's gegen 20 Uhr in die Betten. Lisa M. ist jetzt fix und foxi. Da ruft zu allem Überfluss Busenfreundin Susanna an, um ihr vom neuen Beziehungsstress zu berichten.

Beat P. und Lisa M. sind keine Ausnahmen. Nach einer Statistik des Bundesverbandes der deutschen Ortskrankenkassen klagen 44 Prozent der Deutschen über Stress und Hektik. Über 40 Prozent der Todesursachen in Deutschland gehen auf das Konto von Herzkreislauf-Erkrankungen, Diabetes und Übergewicht. 3,8 Millionen haben Probleme mit dem Schlafen und bei 45 Prozent der Patienten diagnostizieren die Ärzte psychosomatische Symptome.

Erschöpfung: Burnout wird zur Volkskrankheit

Die Ruhe und Beschaulichkeit, nach denen sie sich häufig sehnen, gibt es anscheinend nur noch im Kino. Dabei sind es ganz archaische Abläufe und Muster, die den Menschen auch im Computer-Zeitalter im Lot halten. Das heißt: Der Mensch braucht Kontinuität, Fix- und Rückzugpunkte, um der gewaltigen Welle von Sinneseindrücken gewachsen zu sein. Alles andere macht krank. Nicht umsonst registrieren seit Jahren Klöster als Refugien für Ruhesuchende großen Zulauf. Der Mensch braucht Kontinuität und rhythmische Abläufe, um gesund zu bleiben. Alles, was diese Routine stört, macht krank: Wer nicht regelmäßig atmet, erstickt; wer nicht regelmäßig gut schläft, ist schlapp und wenig leistungsfähig, er macht

Fehler und wird öfter krank; wer nicht regelmäßig isst, fängt sich Stoffwechsel- und Verdauungsstörungen ein; wer sich nicht regelmässig bewegt, auf den wartet eine eindrucksvolle Negativ-Liste: Übergewicht, Muskelschwund, Arthrose, Osteoporose. Und wer sich falsch ernährt, wird fett, häufig verbunden mit Gefäß- und Herzerkrankungen.

6. Eine Erfolgsstory: Joopi Heesters

Johan Marius Nicolaas Heesters (1903-2011) war schon zu Lebzeiten eine Legende. Der Sänger und Schauspieler aus Amersfoort in den Niederlanden hatte nicht nur großen Erfolg im Beruf, er war auch privat in einer Art und Weise unterwegs, die seinen Zeitgenossen Respekt abnötigte: Er war diszipliniert, stand auf Kontinuität und war dennoch den angenehmen und schönen Dingen des Lebens zugetan – und er war beweglich. Joopie Heesters, von 1930 bis 1985 mit der belgischen Schauspielerin Louise H. Ghijs bis zu deren Tod verheiratet, stand noch wenige Wochen vor seinem Tod auf der Bühne, wenn auch nahezu erblindet. Er stütze sich dabei auf das Klavier und krächzte seinen Evergreen „Ich werde hundert Jahre alt". Dabei ist er 108 geworden. Mit 92 heiratete er die 46 Jahre jüngere Schauspielerin Simone Rethel. Auch wenn dieses Beispiel von einer gewissen Rarität zeugt – einige Dinge lassen sich als Erfolgsfaktoren nicht unterschlagen: Lebenslanges Lernen, Kontinuität und Flexibilität.
Sein Motto „Sag nie, du bist zu alt" reicherte der Entertainer zum Schrecken aller Drogenbeauftragten und Gesundheitsapostel mit der obligatorischen Zigarette und einem Glas Whisky an. Als er um die 85 herum spürte, dass die Kraft nachlässt, buchte er für zwei Mal wöchentlich ein Starnberger Fitness-Center. Johannes Heesters ist der schlagende Beweis, für selbstbestimmte, individuelle und erfolgreiche Lebensführung. Und außerdem: Dogmen gelten nicht. Nur weil er immer auf sich selbst und ganz selten auf andere gehört hatte, konnte er sein Leben so organisieren, daß er sehr zufrieden an Heiligabend 2010 einschlief. Johannes Heesters war ein in sich ruhender, authentischer Mensch.

7. Leben im Wandel – oder: Fraining als Lebenselixier

Jetlag, abchillen, wellnessen sind Vokabeln, die zwar den modernen Weltenbummler, Müßig- und Partygänger markieren, die aber bei genauem Hinsehen nichts anderes sind als Begriffe, die dem natürlichen Lebensablauf entgegenstehen.

Das soll nicht heißen, dass mit Fraining die totale Freudlosigkeit ausbricht. Wellness-Urlaube oder Partys sollen Highlights sein, auf die man sich freut, die aber nicht ständig verfügbar sind. Fraining sorgt für die Grundlage einer gesunden, ausgeglichenen Lebensführung.

Die Welt der Idole und falschen Vorbilder – von Arnold Schwarzenegger bis Heidi Klum – führt zu einer Trübung der Wahrnehmung. Große Teile der Bewusstseinsindustrie, Werbeagenturen, Medienhäuser und Filmproduzenten, arbeiten an dem einen großen Ziel, nämlich mit ihren Botschaften der Belanglosigkeiten ganze Nationen zu beeinflussen. Die Masse hat sich darauf längst eingerichtet, man ist bereit, nur um dabei zu sein, ein Leben zu führen, das häufig konträr zu den eigenen Bedürfnissen steht. Wer die Evolution nicht ganz vergessen hat und sich an deren Gesetzmäßigkeiten orientiert, spürt, wie gut es dem Körper tut, wenn er seinen Tagesablauf in allen Facetten anpasst.

Wohlbefinden wird sich schnell wieder einstellen. Wird der Mensch als Ganzes und nicht als die Summe seiner Einzelteile oder Einzelprobleme betrachtet, wird schnell klar, dass einzelne Aktivitäten wenig Erfolg versprechen.
Das Zauberwort heißt Entschleunigung. Wer das „System Körper" pflegt, lebt gesünder und hat am Ende auch mehr Lebensfreude.

Tagesplaner: Mehr Lebensfreude Entschleunigung

8. Fraining, eine neue Form von Lifestyle

Wenn wir davon ausgehen, dass eine ganzheitliche, umfassende, individuelle Betreuung des Klienten ein wichtiger Schritt bei dessen Bemühungen darstellt, sein Leben wieder oder überhaupt in die Balance zu bringen, dann ist Fraining Diagnose und Therapie zugleich. Dabei werden Lösungen vorgeschlagen und praktiziert, die zu einer Harmonisierung der Lebenskultur führen können. Im Fall unserer beiden Klienten Beat P. und Lisa M. wurden folgende Lösungsansätze realisiert:

Beat P.`s Dilemma bestand aus mangelndem Schlaf. Dieses sorgte für die folgenden Kalamitäten: Niedergeschlagenheit, Lustlosigkeit, Frustration. Alles zusammen mündete schließlich in einer ständig abnehmenden Leistungsfähigkeit mit all den damit verbundenen Problemen am Arbeitsplatz wie im Privatleben. Der ganzheitliche Charakter von Fraining machte die Komplexität der Probleme deutlich und es konnte eine punktuelle und hocheffiziente Empfehlung gegeben werden. Mit Beginn des Coaching stellte Beat P. seinen Rhythmus total um, er ging – ob müde oder nicht – regelmässig gegen 22 Uhr ins Bett und versuchte zu schlafen. Schon nach sechs Wochen hatte sich sein Tiefschlaf normalisiert, und Beat P. brauchte morgens keinen Wecker mehr; er ging erholt, frisch und viel besser gelaunt unter die Dusche.

Dieses ungewohnt positive Gefühl gab ihm Energie und wirkte sich auf alle seine Lebensbereiche aus wie ein Katalysator. Beat P. fand jetzt auch die Kraft für regelmässiges abendliches Joggen, und das halbe Güggeli mit Pommes vom Grill kurz vor der „Tagesschau" oder die Tüte Chips waren jetzt auch Vergangenheit.

Rund 500 Kilometer weiter nördlich, in Frankfurt-Sachsenhausen, konnte sich Lisa M. über ähnliche Effekte freuen. Plötzlich hatte sie ihren Terminkalender im Griff. Und zwar durch einen ganz einfachen Kniff: Sie entdeckte ihre Ruhezeiten. Das ging nur, weil sie ab jetzt etwas praktizierte, was sie zuvor nie gemacht hatte, sie strukturierte ihren Tag und hielt sich sklavisch an die von ihr selbst definierten Termine – Privates inklusive. Lisa kam früher und frischer aus dem Bett, die Kinder waren pünktlich in der Schule und sie am Schreibtisch. Das Gemaule der Kollegen wandelte sich in Respekt, Lisa hatte mehr Spaß und Erfolg in der Arbeit und lebt heute mit ihrem neuen Partner in der Patchwork-Family. Noch immer wundert sie sich über das vergangene Chaos: „Ich hätte nie gedacht, dass ich das ganze einmal so easy schaukeln würde."

9. Quintessenz

Joopi Heesters ist nur einer aus jener Phalanx von Hundertjährigen, die künftig immer häufiger auftauchen werden und die praktisch bis zu ihrem Tode die Umgebung mit ungebrochener Schaffenskraft verblüffen. Berthold Beitz (99 Jahre). Ernst Jünger (102 Jahre) oder Oscar Niemeyer (105) sind die „neueren" Vertreter dieser Liga. Auch wenn ihre Biographien höchst unterschiedlich sind, haben sie eines gemein: Flexible Nutzung der zur Verfügung stehenden Ressourcen. Heesters, Beitz, Jünger und Niemeyer waren, wenn auch unbewusst, die ersten Frainer. Denn sie haben sich sozusagen in der Maslow'schen Bedürfnispyramide vorschriftsmäßig bis nach oben durchgekämpft.

Fraining:
Ansätze für eine harmonische Lebensführung

Tages- oder Wochenplanung
Stichwort Zeitmanagement: Tages- oder Wochenplanung wird Sie wie eine Leitplanke führen. Geben Sie Ihrem Leben die Regelmäßigkeit, die Ihr Körper braucht. Auch wenn es nicht generell immer so abläuft, wie es geplant ist, gibt alleine die Planung schon das Gefühl von Sicherheit.

Prioritäten setzen
Definieren Sie Ihre Aufgaben nach Wichtigkeit. Damit entzerren Sie Tagesabläufe. Das heißt: Erledigen Sie nur die Aufgaben selbst, die nur Sie erledigen können und delegieren Sie alles andere.

Bewusst Pausen einbauen
Wenn wir wissen, dass wir bald eine Pause machen, lassen sich viele Dinge wesentlich leichter bewältigen. Die Vorfreude darauf beflügelt uns und unser Denken. Wir freuen uns auf die Pausenzeit, treffen oft auch andere Menschen und können uns austauschen.

Freiräume kreieren
In Ihrem Terminkalender ist Platz für Tage oder Stunden, die Sie nicht verplanen, sondern zur spontanen Gestaltung nutzen können. Lassen Sie Ihr Mobile bei der Privatfete zu Hause, und: Sie müssen auch nicht immer Ihre E-Mails checken.

Regelmäßig wiederkehrende Events krönen die Woche
Körper und Seele lieben regelmäßig wiederkehrende positive Ereignisse. Verabreden Sie sich ruhig mit Ihrem Partner und Ihren Freunden. Zum Beispiel zu Tanzabenden, Kinobesuchen oder Vereinstreffen.

Öfter „Nein!" sagen
Ihr Arbeitsplatz ist kein Abladeplatz. Auch die Verfügbarkeit hat ihre Grenzen. Wenn Sie von der Bitte eines Kollegen nicht überzeugt sind, lassen Sie die Finger davon.

Eine gesundheitskonforme Schlafkultur praktizieren
Jeder, der schon einmal übernächtigt arbeiten musste, weiß wie wichtig der Schlaf ist. Stehen Sie möglichst immer zur gleichen Zeit auf und gehen Sie auch möglichst immer zur gleichen Zeit zu Bett. „Ausschlafen" bringt gar nichts, denn Schlaf kann man weder nachholen, noch lässt es sich vorschlafen. Schlafen Sie im Dunkeln. Licht im Schlafzimmer macht auf die Dauer krank.

Kapitel 3: **Ernährung**

Das Stichwort heißt Ernährung. Die frühzeitlichen Menschen, Jäger und Sammler, aßen vor allem Wurzeln, Grassamen, Früchte, Fleisch und Fisch. Unser System hat sich also bei fett- und eiweißreicher Kost entwickelt und ist auf deren Verdauung und Verwertung bestens eingestellt. Fett ist der Haupt-Energieträger und Eiweiß der Baustoff unseres Körpers. Essen wir Fett, wird es in unserem Körper in seine Bestandteile, den Fettsäuren, aufgespalten und vom Blut verteilt. Was wir nicht benötigen, wird in speziellen Depots, den Fettzellen, abgelegt und kann bei Bedarf wieder über das Blut – z.B. den Muskelzellen – zugeführt und dort verbrannt werden.

Höhlenmalerei: Der Steinzeitmensch kannte keinen Supermarkt

Auf welche Art von Essen sind wir eigentlich eingestellt? Bestimmt nicht auf Pizza Margherita. Und auch nicht auf Currywurst mit Pommes. Alle reden von gesundem Essen, und gesundes Essen ist in aller Munde. Dabei war das alles einmal anders. Essen als Überlebensstrategie. Und so fällt es auch nicht aus dem Rahmen, wenn in grauen Vorzeiten die Frauen nur dann schwanger werden konnten, wenn genügend Nahrung in der Höhle war. Detlef Kannten, Chef der Berliner Charité, brachte es einmal auf den Nenner: „Früher war es so, dass im wesentlichen Hungersnöte das Leben beherrscht haben, gestorben wurde, weil nicht ausreichend Ernährung da war."

Das heißt, dass die guten Futterverwerter einen hohen Überlebensvorteil besaßen. Kannten: „Heute ist gute Futterverwertung in der Überflussgesellschaft in der die meisten leben, ein Risikofaktor. Weil wir Übergewicht entwickeln und damit auch alle Folgen, nämlich hohen Blutzucker, Diabetes, Bluthochdruck, Herzkreislauf-Erkrankungen und vieles mehr."

1. Der Mensch – Endprodukt einer langen Testreihe

Wollen wir es neusprachlich ausdrücken, erhält unser Körper einen „Input" in Form von Nahrung und Getränken. Beim „Output" erwarten wir von ihm, dass er optimal funktioniert. Betrachten wir jedoch die Entwicklungsgeschichte der „Maschine Mensch", können wir eine sehr lange „Erprobungszeit" feststellen. Eine Evolution von rund 30 000 000 Jahren. Das Verdauungssystem als Teil dieser „Maschine" beispielsweise brauchte unglaublich lange, bis es sich zur heutigen Form entwickelt hat. Physiologisch bedeutet dies, dass wir nichts anderes sind als das Endprodukt einer langen „Testreihe". Und dieses „Endprodukt" war eines schon immer, nämlich ein Allesfresser. Das wird schon nach einem flüchtigen Blick auf die Kauwerkzeuge klar, bei denen fünf verschiedene Instrumente zusammenspielen: Schneide-, Eck- oder Reiß-, Backen- oder Mahlzähne.

Die Verdauung fängt schon im Mund an. Bereits beim Kauen werden Verdauungsenzyme produziert; diese vermischen sich mit dem Nahrungsbrei. Der Magen produziert Salzsäure – beste Voraussetzungen für die Verdauung von Fleisch und anderen tierischen Eiweißen sowie die Abtötung von Bakterien.

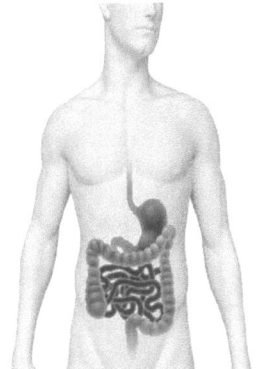

Verdauungstrakt:
Hochsensibel und uralt

Die Bauchspeicheldrüse produziert Enzyme, mit denen die restliche Nahrung in ihre Bestandteile zerlegt wird und dadurch via Darmwand ins Blut gelangen kann. Von dort kommt sie direkt in die Leber. Diese ist eine kleine Chemiefabrik, unter anderem auch deshalb, weil sie lebenswichtige Grundsubstanzen wie Vitamine und Proteine produziert und zusammen mit den Nieren, dem Lymphsystem und der Haut für die Entgiftung sorgt. Der Darm entzieht dem Speisebrei Nährstoffe und Wasser und scheidet das unbrauchbare „Material" aus. Für diese Funktion ist die Darmflora des Dickdarms mit ihren Millionen von Bakterien zuständig. Der Körper besitzt sogar ein Reservoir dieser lebenswichtigen Bakterien – es sitzt im Blinddarm.

Weil es für das Wohlbefinden des Menschen wichtig ist, wenn die Nahrung nicht so lange im Darm bleibt, dass also schnellstmöglich verdaut wird, kommen den in der Bauchspeicheldrüse produzierten Enzymen sowie den im Darm vorhandenen Bakterien entscheidende Bedeutung zu. Verdauen heißt nichts anderes, als die Nahrung in ihre kleinsten Bestandteile zu zerlegen. Dabei helfen nicht nur körpereigene Enzyme, sondern auch jene, die in frischen, biologischen Lebensmitteln enthalten sind. Diese Nahrung enthält außerdem natürliche Mineralien und Vitamine, die für das Wohlbefinden von ausschlaggebender Bedeutung sind. Das trifft auch auf die in der Nahrung eingebauten naturbelassenen
Fette, Eiweiße und Kohlenhydrate zu.

Weil aber der Mensch das quasi auf einem Ur-Chip gespeicherte Steinzeitprogramm noch immer mit sich herumschleppt, bewegt er sich eigentlich noch immer auf dem alten Ernährungspfad. Denaturierte Zivilisationskost hat der Chip nicht vorgesehen, dafür aber eine natürliche Nährstoffkonstellation. Diese situationsangepasste Nahrungs-aufnahme gilt auch für den Durst. War man durstig, trank man Quellwasser.

Was sich so harmonisch liest, ist aber alles andere als die Beschreibung von „Höhlenromantik"; niemand will in die Höhle zurück – allein schon deshalb, weil dort nicht immer Nahrung greifbar wäre. Unsere Vorfahren durchlitten zum Teil schreckliche Hungerperioden mit dramatischer Dezimierung der Population. Doch bei allem galt auch schon vor Millionen von Jahren: Einzig der Körpertypus ist entscheidend für die Nahrungsverwertung – und damit für dick und dünn.
Was unterscheidet den Asiaten vom Inuit? Sehr viel. Zum Beispiel, dass der Eskimo fast nur Fisch, also Eiweiß und Fett, ißt, während der asiatische Mensch dagegen sehr viel Reis verzehrt. So war es jedenfalls noch vor einer Generation. Oder, anderes Beispiel: Asiaten vertragen, anderes als die meisten Mitteleuropäer, keine Milch, weil ihr Körper bestimmte Enzyme nicht produzieren kann. Die Bewohner des Regenwaldes beispielsweise können dagegen das komplette Nahrungsangebot ihrer Umgebung problemlos nutzen. Wie bei den Inuit ist „Zivilisationskrankheit" auch am Amazonas ein Fremdwort.

2. Ackerbau – Fluch und Segen

Mit der Domestizierung der Gräser gelang es dem Menschen erstmals, Nahrungsmittel vorzuhalten. Das hatte zweierlei zur Folge: Hungerperioden ließen sich überbrücken und das Herumziehen und damit das Suchen nach neuen Nahrungsquellen wurde überflüssig. Das „Brot der frühen Jahre" enthielt alles, was zum Leben taugte, alle Mikronährstoffe waren darin noch enthalten. Doch auch schon damals verschob sich die Zusammensetzung der Nahrung: An die Stelle eiweiß- und fettbasierter Nahrung traten plötzlich Unmengen von Kohlehydraten.

Und heute? Es gibt zwar saisonale Ernten, aber weil sie rund um den Globus stattfinden, gibt sie es immer. Für Otto Normalverbraucher bedeutet dies, dass er Erdbeeren zwar auch im Dezember kaufen kann, dass diese aber bei weitem nicht so aromatisch sein können, weil sie im Treibhaus in der Nährlösung groß wurden – Nährstoffe: Fehlanzeige. In dieses Gesamtgemälde passen Schimmel, Pilze und Fäulnis. Sie sind das Resultat langer Transporte und Lagerzeiten.

Was dem einen fehlt, ist das Geschäft des anderen. Der Gemüsebauer wünscht sich frischaussehende Produkte, die sich lange lagern lassen. Der Apfel aus Neuseeland braucht Monate ehe er in Hamburg anlandet. Die Umstände von Lagerung und Transport sind aber alles andere als gesundheitsfördernd. Die Enzyme sterben häufig ab und fehlen dazu bei der Verdauung. Kontraproduktiv ist auch die Fetthärtung. Sie soll das Ranzige verhindern. In Wirklichkeit sind die so veränderten Fette gesundheitsschädlich. Experten sind sicher, dass die Fetthärtung als Konservierungsverfahren heute durchfallen würde. Auch beim gesiebten Mehl geht's um die Haltbarkeit – und auch hier ist die Methode fragwürdig. Der Slogan „Verhungern an vollen Töpfen" erhält plötzlich eine ganz neue Qualität. Den durch Massenproduktion ausgelaugten Böden fehlen wichtige Mineralien wie z.B. Zink und Selen – die dann auch in den Pflanzen nicht mehr enthalten sind; vergleicht man Nährwert-Tabellen aus dem Jahre 1980 mit denen von heute, wird dieser Mangel an Mikro-Nährstoffen sichtbar.
Das ist aber noch nicht alles. Produktion, Transport, Lagerung und Verarbeitung denaturieren die Lebensmittel derart, dass sie von unserem archaischen System nicht mehr erkannt werden. Der australische Umweltmediziner Ian Brighthope hat dafür eine Erklärung: „Der menschliche Körper reagiert deshalb mit einer Abwehrreaktion gegen die

Nahrung, weil gekochtes oder stark verändertes Essen in unserer Evolution noch gar nicht so lange existiert."

Von ähnlicher Brisanz ist für die Entwicklungsgeschichte der massenhafte Einsatz von Pestiziden, Fungiziden und Düngemittel.

*Intensivlandwirtschaft:
Giftschleudern sind die Ursachen allen Übels*

Umstritten ist auch das Drumherum. So steht die Verpackungsindustrie schon seit Jahrzehnten unter dem Verdacht, durch fragwürdige Lösungen (z.B. Weichmacher in Kunststoffen) billige und massentaugliche, aber gefährliche Hüllen für die Nahrung zu schaffen. Dieses Bild runden die E-Stoffe, Konservierungssubstanzen, ab, deren Wirkung zwar einzeln getestet sind, aber von denen noch immer kein Mensch weiß, wie sie als Cocktail wirken.

Gerade weil diese Entwicklung so rasant verlief, hatte das Individuum keine Zeit, sein Verdauungssystem darauf einzustellen. Zwar liegt die durchschnittliche Lebenserwartung weit jenseits von 80, aber genauso eindrucksvoll ist auch die Zahl der Kranken und Gequälten. Das beweist: Falsche Ernährung sichert das Überleben – aber zu welchem Preis?

3. Neue Realitäten

Es ist ein Widerspruch unserer aufgeklärten Zeit: Die Möglichkeiten zur problemlosen Beschaffung billiger und umfangreicher Nahrung sind andererseits das Einfallstor für fatale Fehlentwicklungen. Dann führt das falsche Essen zum falschen Zeitpunkt zu einem Defizit an Nährstoffen. Folge: Der Neandertaler wird krank.

4. Riskantes Schlaraffenland

Staffan Lindeberg, Professor für Familienmedizin an der Universität Lund (Schweden), zählt auch zu den besseren Futterverwertern. Schon seit einem Vierteljahrhundert ernährt er sich á la Neandertal. Als „Jäger der Savanne", wie er sich selbst bezeichnet, benötigt er kein Brot. Früchte und Gemüse sind seine Kohlenhydrat-Lieferanten. „Das beste Essen für mich ist genau jenes, das schon meine Vorfahren vor 200 000 Jahren zu sich nahmen", sagt er. Das heißt: Fleisch und Fisch, aber kein Mehl und Zucker. „Fleisch ist gut für uns", sagt der Mediziner, der vom Veganismus nichts hält. Für ihn ist diese Idee eine Missinterpretation früherer einschlägiger Studien: „Fleisch hat der Mensch schon seit Millionen von Jahren gegessen. Warum soll es jetzt auf einmal verkehrt sein?" Auf seinem archaischen Ernährungstrip gelingt dem Schweden persönlich eine

---

Individuum statt Diät

Der Schauspieler Rainer Hunold („Ein Fall für zwei") antwortet auf die Frage, ob er sich denn bei Diät auskenne mit der Bemerkung: „Das kann man wohl sagen. Ich habe so ziemlich alles ausprobiert was der Markt hergibt und habe einmal sogar 45 Kilo abgenommen." Es fühle sich überhaupt nicht toll an, schlank zu sein: „Auf einmal war ich von anderen Menschen umgeben und es tauchten Frauen auf, die nur Wert auf Äußerlichkeiten legten, womit ich gar nichts anfangen konnte. Es geht darum seine eigene körperliche Identität herauszufinden und zu akzeptieren. Und das ist mir mittlerweile gelungen." Ihm fehle nichts und es gäbe auch nur zwei Gründe, warum er wieder abnehmen würde: schlechte medizinische Werte oder wenn seine Frau ihn so nicht mehr anschauen mag. Rainer Hunold: „Beides ist bisher nicht eingetreten."

---

bewundernswerte Leistung: Er wird kaum von Krankheiten geplagt, für „moderne Zivilisationskrankheiten" gibt es bei seinem Jahres-Check keinerlei Anzeichen. Und: Er hält seit Jahren sein Gewicht.

Essen ist das eine, seine Beschaffung das andere. Genau hier sieht Lindeberg einen weiteren Unterschied zwischen heute und der grauen Vorzeit: „Unsere Ahnen liefen ihrer Nahrung hinterher, heute ist es umgekehrt." Jeder Mitteleuropäer kann sich zu jeder Tages- und Nachtzeit mit Nahrung versorgen – notfalls an der Tankstelle.

5. Warum uns die Nahrung krank machen kann und was wir dagegen tun können

Karlheinz G. wohnt im pfälzischen Dannenfels und ist Metzgermeister. Pyknisch von Gestalt, 163 Zentimeter klein und rundlich. Die vielen Leberknödel, die er im Laufe seines Lebens gerollt hatte, und die schönen Schwarzwälder Kirsch-Torten haben es ihm angetan. Jetzt hat er 44 Kilo Übergewicht, die Knie machen nicht mehr mit und mit der Luft ist es auch nicht mehr so doll.

Obwohl sie sich nach eigener Ansicht gesund und vollwertig ernährt, leidet Frau Gisela Sch.-K. aus Finkenwerder unter starker Gasbildung mit heftiger Flatulenz. Auf ihre geliebten Opern-Besuche drüben in Hamburg muss sie schon seit geraumer Zeit verzichten. Alle Versuche ihres Hausarztes, das Problem zu lösen, brachten nur Teilerfolge.

6. Du bist was Du isst

Auch für Karlheinz G., den Metzgermeister, war der Industriezucker das größte Problem. Durch Zucker wird die natürliche Fettverbrennung in Fettspeicherung umprogrammiert. In der Folge füllten sich seine Fettdepots bis zum Platzen und er wurde kugelrund. Zudem machte ihn der Zucker süchtig. Metzgermeister Gass war bereit, seine Essgewohnheiten umzustellen. Die Teilkomponente „Ernährung" im ganzheitlichen Programm Fraining sieht für ihn den völligen Verzicht auf Industriezucker vor. Gleichzeitig wurde der Anteil von Gemüse und frischem Obst erhöht. Auch gehörten unterschiedliche Salate jetzt zum Rostbraten und Beefsteak dazu. Innerhalb eines Jahres konnte der Mann 38,5 Kilogramm abnehmen und wiegt jetzt nur noch 76 Kilogramm. Er bekommt besser Luft und kann deshalb besser schlafen, seine Knie sind stark entlastet, und der Energielevel kann sich wieder sehen lassen.

Bei Gisela Sch.-K., die sich hauptsächlich von Mehl-Produkten ernährt hatte, kam ans Licht, dass sie unter einer Gluten-Unverträglichkeit leidet. Dadurch ließen sich schlechte Verdauung und Flatulenzen erklären. Im ganzheitlichen Ansatz des Fraining wurde ihr empfohlen, ganz auf Brot und Mehlprodukte zu verzichten. Schon in kurzer Zeit plagten sie keine Flatulenzen mehr, und auch einige andere Zipperlein verschwanden.

7. Fraining und Ernährung

Die alleinseligmachende Weisheit gibt es nicht. Niemand weiß das besser, als der Dauerabnehmer. Heute Brigitte, morgen Trennkost, übermorgen Hollywood. Der Weg zum Traumbody heißt Verzicht und Quälerei. Bei Fraining haben derartige Ideologien keinen Platz. Fraining ist ein Individualprogramm und richtet sich einzig nach den Bedürfnissen des Frainers. Sein Erfolg wiederum ist abhängig von den Möglichkeiten des Frainers.

8. Erfolgsbeispiele

Für jeden Frainer ist wichtig: Es geht um eine bessere Aufspaltung der Nahrung. Diese ist nur möglich, wenn nicht ständig „nachgeschoben" wird. Der Magen produziert im Augenblick der Nahrungsaufnahme Verdauungssaft und dieser wird mit der vorgekauten Nahrung vermischt. Die Natur hat es so eingerichtet, dass diese Verdauungssäfte das Essen zur Weitergabe an den Dünndarm vorbereiten. Dieser Prozess ist volumenabhängig und kann mehrere Stunden dauern. Während dieser Zeit wird der Nahrungsbrei durch die peristaltischen Bewegungen des Magens kräftig durchmischt. Der Prozess wird in dem Augenblick gestört, wenn in kurzen Folgen Nahrung nachgeschoben wird. Die Folge: Die Nahrung bleibt länger im Magen und die Nährstoffaufnahme verzögert sich. Je besser man kaut und je größer die Ess-Intervalle sind, desto gesünder ist es. Fünf Stunden gelten als optimal. Eine der wenigen brauchbaren Erkenntnisse des Militärs für das zivile Leben ist sein Essensplan. Schon die Perser wussten, dass ihre Bogenschützen ganz besonders gut trafen, wenn sie drei Mal am Tag zum Essenfassen gingen. Das Regelmäßige sorgte für optimale Nährstoffaufnahme und damit für eine hohe Leistungsfähigkeit. Dass sich damit auch noch eine gewisse Regelmäßigkeit bei der „Entsorgung" einstellte, passte in den Dienstplan.

Frainer wissen: Fett macht nicht fett. Andere Behauptungen sind schlicht falsch. Es geht um die Kombination der Nahrungsmittel. Das Paradebeispiel liefern die Eskimos: Obwohl sie sich seit Menschengedenken fast ausschließlich von Seefischen und deren Fett ernähren, wurden bei den Inuits noch nie sogenannte Zivilisationskrankheiten wie Diabetes, Arteriosklerose oder koronare Herzerkrankungen diagnostiziert.

*Grönländisches Iglu:
Auf dem Eisfeld wächst kein Getreide*

Wie wir heute wissen, verursachen denaturierte Nahrungsmittel wie Weißmehl, Zucker und gehärtete Fette fernab von Grönland und Alaska diese Krankheiten. Weil der Körper Fette braucht (und auch Cholesterin produziert) sollten wir möglichst naturbelassene Fette in Kombination mit Rohkost konsumieren. Hier tun dem Körper vor allem die Omega-3-Fettsäuren gut.

9. Wenn Kohlenhydrate, dann besser aus rohen Pflanzen

Früchte und Wurzeln enthalten Kohlenhydrate, vor allem aber sind diese darin in natürlicher Form enthalten. Von Professor David Ludwig, der als Kinderarzt an der Harvard University lehrt, wissen wir, dass nach dem Verzehr eines Apfels, der Insulinspiegel über Stunden hinweg kaum ansteigt. Essen wir aber die gleiche Menge dieses Fruchtzuckers in extrahierter Form, schießt der Insulinspiegel ganz schnell in die Höhe. Unser System kennt diese konzentrierte verarbeitete Form des Fruchtzuckers nicht. Woher denn auch? Er kam bisher in der Natur nicht vor. Ebenso wenig wie der reine Industriezucker. Nun versucht unser Körper mit dieser ihm nicht bekannten Form des Fruchtzuckers fertig zu werden. Die Bauchspeicheldrüse produziert das Hormon Insulin. Wir wissen, dass Insulin den Zuckerhaushalt im Blut reguliert und gleichzeitig den Fettstoffwechsel stark einschränkt. Zucker ist jedoch sehr schnell verheizt, denn er hat im Gegensatz zu Fett nur halb so viel Energie. Ist der Zucker verbrannt, fühlen wir uns müde und schlapp, weil es doch eine ziemliche Zeit dauert bis die Fettverbrennung wieder voll anspringt. Um uns wieder fitter zu fühlen, stopfen wir erneut Zucker in uns hinein. Zudem nahmen unsere Vorfahren ihr Essen in natürlicher Form, also meist roh und nicht gekocht, zu sich. Nur das Fleisch wurde über dem Feuer gebraten.

10. Wichtige Flüssigkeit

Pro Tag verliert der Mensch im Schnitt zweieinhalb Liter Flüssigkeit. Damit das Blut und die Körpersäfte ihre Fließfähigkeit erhalten, ist ein Ausgleich dringend erforderlich. Damit lässt sich unter anderem eine Dehydrierung (Austrocknung) vermeiden. Für viele Frainer gilt: Trinke täglich zwei bis drei Liter Stilles Wasser. Um die Verdauungssäfte nicht unnötig zu verdünnen, am besten zwischen den Mahlzeiten.

11. Frainer wissen: Alkohol, Koffein und spätes Essen belasten

Es braucht an dieser Stelle keine besondere Auflistung bzw. Erklärung weshalb diese Gifte dem Körper nicht guttun. Zum Thema „Kaffee und Tee" nur so viel: Bei einigen Menschen können sie Angstzustände auslösen. Zudem enthält Kaffee je nach Röstverfahren zahlreiche Giftstoffe.

Wer spät abends isst, schläft schlechter ein. Das wussten schon die alten Chinesen. Von ihnen stammt der Spruch: „Das Abendessen kannst du getrost deinen Feinden überlassen." Der Verzicht auf abendliche Völlerei hat zwei unschlagbare Vorteile: Erstens kommt das Verdauungssystem zur Ruhe und kann entlastet werden, und zweitens beschert uns der Verzicht eine ungestörte Nachtruhe.

12. Alles Vollwert oder was?

Der deutsche Arzt Dr. Werner Kollath (1892-1970) teilte in seinem Buch „Die Ordnung unserer Nahrung", das Essen je nach Verarbeitungsgrad in Lebensmittel und Nahrungsmittel ein. Er verwendete als erster den Begriff „Vollwertkost". Nach Kollath sind Lebensmittel nicht verändert. Nahrungsmittel jedoch sind sehr stark verarbeitet und daher lange haltbar. Vollwerternährung basiert auf dem Prinzip,

---

Zuckersüße Kinder

In den USA werden „schwer erziehbare" Kinder einer zuckerfreien und bewegungsreichen Therapie unterzogen, mit dem Ergebnis, dass aus ihnen in sechs Wochen ganz normale Teenager werden. Die rapide zunehmende Zahl der Diabetes- und Adipositas-Erkrankungen sprechen zudem eine deutliche Sprache.

Es ist auch zu vermuten, dass Arteriosklerose, Herz- und viele andere Erkrankungen im Zucker ihre Ursache haben. Betrachtet man die Pro-Kopf-Menge an reinem Industriezucker – sie lag nach Erhebungen des Zentrums der Gesundheit 2011 bei stolzen 36 Kilogramm – wird schnell klar, weshalb schon Kinder an Diabetes erkranken. Die leeren Kohlenhydrate beispielsweise aus Gebäck sind in dieser Rechnung noch nicht mitgerechnet.

die Nahrung so natürlich wie möglich zu belassen. Stark verarbeitete bzw. industriell behandelte Lebensmittel wie Auszugsmehle und daraus hergestellte Produkte, Zucker und raffinierte Fette und Öle sollen gemieden werden. Der „Vollwertpapst" Dr. Max Otto Brucker brachte diesen Begriff unter die Leute und gründete die noch heute in Lahnstein beheimatete Gesellschaft für Gesundheitsberatung. Auch die zugeführte Form der Kohlenhydrate schien ihm ausschlaggebend für die Gesundheit zu sein.

Nach Professor Walter Willert (Harvard University) machen denaturierte Kohlenhydrate krank. Der Rat, 60 bis 65 Prozent Kohlenhydrate zu sich nehmen, wie von Deutsche Gesellschaft für Ernährung (DGE) noch immer empfohlen, scheint eine hoffnungslos veraltete und von der Nahrungsmittelindustrie manipulierte Behauptung zu sein. Auch kann der Körper eine Form von Kohlenhydraten, das Glykogen, selbst produzieren und in Leber und Muskeln speichern. Das Gehirn benötigt dieses Glykogen um richtig funktionieren zu können. Fett und Eiweiße können wir aber nicht ohne die Zufuhr bestimmter Fett- und Aminosäuren produzieren. Auch ist bekannt, dass der Cholesterinspiegel nur zu maximal 10 Prozent über die Cholesterinzufuhr zu regulieren ist. Nehmen wir zu viel Cholesterin mit der Nahrung auf, produziert der Körper weniger, nehmen wir zu wenig auf, produziert der Körper mehr davon.

Weil viele Mäuler gestopft werden müssen, ist es notwendig, dass Lebensmittel lange gelagert werden können. Die Profitgier einiger Nahrungsmittelhersteller geht so weit, das bereits die Samen von Pflanzen durch Genmanipulation verändert werden. Auch setzt man viele künstliche Stoffe zur Haltbarmachung ein. So werden Früchte bestrahlt um sie länger lagern zu können. Dass viele dieser Zusatzstoffe schädlich sind, nimmt man in Kauf.

Blicken wir zurück in Großmutters Garten. Die oft aus eigenem Saatgut gezogenen Pflanzen, wurden mit Pferde- oder Kuhmist gedüngt, kannten weder Pestizide noch künstliche Dünger und wurden meist unmittelbar nach der Ernte verzehrt. Doch auch die Bedingungen für Tierhaltung und Fleischverarbeitung haben sich drastisch verändert. Wer kennt sie nicht, die schrecklichen Bilder von Tierzuchtfarmen und Schlachthöfen, die Horrormeldung vom Medikamenteneinsatz und Tierquälereien? Da muten die Bilder von Bergalmen und Biohöfen schon ziemlich anheimelnd an. Was soll am Fleisch und an der Milch der Kuh schlecht sein, die nur Gras und Bergkräuter frisst?

13. Frainer brauchen genügend Eiweiß

Eiweiße sind Bestandteile von Haut, Organen, Enzymen und des Immunsystems. Sie bauen neues Gewebe auf, reparieren verletzte Strukturen und sorgen für den Transport von Nährstoffen. Mit anderen Worten: Eiweiße sind lebensnotwendig. Ob die von der DGE empfohlene Menge von 0,8 Gramm pro Kilogramm Körpergewicht ausreicht oder ob wir bis zu 4 Gramm pro Kilogramm Körpergewicht benötigen, wie es die Kraftsportler proklamieren, wird in der Fachpresse heiß diskutiert. Wie so oft liegt wohl auch hier die Wahrheit in der Mitte. Bei der Frage, ob nun tierisches oder pflanzliches Eiweiß besser ist, lohnt sich wieder der Blick auf den evolutionären Rahmen. Betrachten wir nur das Gebiß, wird schnell klar, dass wir als Allesfresser konstruiert wurden. Auch wissen wir, dass unsere Vorfahren viel tierisches Eiweiß gegessen haben und es meist mit pflanzlichem mischten. Die Wertigkeit von Eiweiß steigt deutlich wenn wir tierisches und pflanzliches Eiweiß zusammen essen. So können wir aus 100 Gramm gegessenem Eiweiß teilweise bis zu 150 Gramm körpereigenes Eiweiß herstellen, wenn wir pflanzliches und tierisches Eiweiß zusammen essen.

14. Quintessenz

Das eingangs zitierte Beispiel des TV-Helden Rainer Hunold beweist, dass es auch hier kein Dogma geben kann. Die einzige Messlatte – die auch von Fraining unterstützt wird – heißt: Ich muß mich wohlfühlen, ob als „Hering" oder als „Koloss". Dies ist selbstbestimmt, autonom und souverän. Der Fall Hunold zeigt: Je schneller sich eigene Ziele herauskristallisieren, desto früher fühle ich mich wohl. Die auf Schein abonnierte Umgebung steht dieser Entwicklung nur im Weg.

Frainer-Erfahrungen
Tagesrhythmus, Essenszeiten, Lebensmittelauswahl in Einklang bringen
- Fünf Stunden Zeit zwischen den Mahlzeiten lassen
- Nur 3 mal am Tag essen
- Nur gute Fette essen
- Die Fette nicht erhitzen
- Mehr als die Hälfte des Essens ist Rohkost
- Wenn Kohlenhydrate, dann besser aus rohen Pflanzen
- Zwei bis drei Liter Wasser pro Tag trinken
- Alkohol, Koffein und Teein meiden
- Nach 18 Uhr nichts mehr essen

Kapitel 4: Bewegung

1. Savannen-Champion

Den Iron Man gab es schon vor 30 Millionen Jahren. Er war der Jäger, der für die Versorgung zuständig war. Tagelang unterwegs, meilenweit von der Sippe entfernt, immer an der frischen Luft und meist schwer beladen. Im akuten Gefahrenfall legte er einen rekordverdächtigen Sprint auf die Savanne. Den Chip dazu gibt's noch heute. Er steckt in jedem Menschen.

2. Die Maschine Mensch und wie sie funktioniert

Der Erfinder könnte ein genialischer Ingenieur gewesen sein. Denn was er ablieferte, funktioniert buchstäblich seit Menschengedenken in der gleichen Präzision und Zuverlässigkeit – ähnlich einer Luft-Wasser-Wärmepumpe: Die Hauptpumpe (Herz) presst den Saft (Blut) in ein Leitungssystem (Arterien) und verteilt es so bis in die kleinsten Röhrchen (Kapillare) und in die Transformatoren (Organe). Über Rückflussrohre (Venen) gelangt der Saft wieder zur Pumpe zurück – das System ist geschlossen. Das System transportiert den Sprit (Nährstoffe und Sauerstoff) zu den Motoren (Muskeln), während die Verbrennungsabfälle (Wasser und Kohlendioxid) recycelt oder entsorgt werden.

Funktionsträger Mensch: Eine Maschine sieht anders aus

Vorsicht! Die austarierte Maschine könnte allerdings Schaden nehmen, wenn das Rohrsystem nicht sauber ist. Das heißt: In dem Augenblick, wo das Pumpsystem (wegen Flüssigkeitsmangel) nur noch zähflüssigen Saft (Blut) transportieren kann, verkalken die Rohre, deren Durchmesser sich gleichzeitig verringert. Dann muss die Pumpe immer stärker pressen. Im Extremfall kann es sogar zum Verschluss mehrerer Rohre (Infarkt) kommen und die Pumpe bleibt stehen. Hinzu kommt, dass bei der Maschine im Leerlauf (Stichwort: Couch-Potatoes) nur etwa 25 Prozent dieses Leitungssystems aktiv sind und Flüssigkeit transportieren. Im Rest der Rohre steht die Flüssigkeit und die Sedimente haben Zeit, sich in Ruhe an die Wände zu heften. Damit verkleinern sie deren Durchschnitt (Arteriosklerose). Es sammeln sich mehr Abfallstoffe und Gifte werden gebildet. Fährt man die Maschine wieder langsam an, werden auch die kleinsten Röhrchen wieder aktiviert und der abgestandene Saft mit der restlichen Flüssigkeit abgepumpt und gereinigt. Wird dies regelmäßig getan (Bewegung), setzt sich nichts mehr ab und die Funktion bleibt lange erhalten.

3. Sitzgesellschaft

Traurig, aber wahr: Wir sitzen viel zu oft und oft viel zu lange. Auch die Arbeit an diesem Buchmanuskript, lieber Leser, kostete eine Reihe von Sitzungen: 120 Stunden das Schreiben und dann noch einmal 80 Stunden Korrektur. Macht zusammen 200 Stunden oder acht Tage. Da es aber, wie wir wissen, für eine gute Sache ist, nahm der Autor die eingeschränkte Beinfreiheit gerne in Kauf. Vielleicht noch eine andere Zahl: Der deutsche Büromensch verbringt in seinem Berufsleben durchschnittlich 80.000 Stunden im Sitzen, und zwar in Büros, von denen die meisten, was das Mobiliar betrifft, ergonomisch nicht auf der Höhe der Zeit sind. 11,5

Programmierte Muskulatur

Datum: Freitag, 17. April 2013
Ort: Tanzschule im Deutschen Theater, München
Anlass: Rainer Schlund und Susanne Klothen üben Walzer.

Die neue Flamme von Rainer Schlund heißt Susanne Klothen. Die junge Frau ist leidenschaftliche Tänzerin und möchte ihr Hobby auch in der neuen Beziehung nicht missen. Dumm nur, dass Rainer Schlund, im Hauptberuf Steuerprüfer, mit dieser Art von Freizeitbeschäftigung buchstäblich auf Kriegsfuß steht. Denn während seine Freundin graziös und elegant über das Parkett schwebt, tappst ihr Freund wie ein Grizzly neben und hinter ihr her. Heute Abend steht Wiener Walzer auf dem Programm – von allen klassischen europäischen Tänzen eher in der anspruchsvollen Abteilung zu Hause. Tanzlehrer Robert Markert kennt seine Pappenheimer und er vermutet auch, warum sich Schlund so schwer tut: „Der sitzt halt den ganzen Tag auf seinen vier Buchstaben und hat nur das Sitzprogramm intus."
Tatsächlich kennt die menschliche Physis das „Sitzprogramm". Es ist eines von Tausenden von „Bewegungsprogrammen", die im Innern schlummern und die bei Bedarf abgerufen werden können. Für die Muskulatur ist eine derartige Passivität aber Gift. Weil sie nicht gefordert wird, baut sie sich im Laufe der Zeit ab. Jeder, der einmal an einem Bein- oder Armbruch laborierte, kennt dieses Phänomen: Während der „Gips-Zeit" baut die Muskulatur ab und es dauert oft Monate ehe sie wieder auf dem alten Stand ist. Die Evolution beweist: Aus einem hilflosen Säugling kann ein Zehnkämpfer werden. Das ist nur deshalb möglich, weil unsere Muskeln „lernen" können. Das heißt: Das Gehirn steuert über die Nerven das Zusammenziehen der Muskulatur (Kontraktion). Umgekehrt verlernen Muskeln Bewegungsabläufe, wenn diese nicht mehr geübt werden. Bleibt das Training aus, erschlafft der Muskel bzw. verharrt im Status quo. Es liegt also nur am Menschen, ob und wie er mit seinem Bewegungsapparat umgeht. Das heißt, dass der Einzelne durch ganz bewusste Bewegungen – wie sie etwa beim Tanzen geübt werden – dieses Programm „überschreiben" kann. In diesem Fall haben wir es, um in der Computersprache zu bleiben, mit einer „Neuinstallation" zu tun. Und je öfter mit dem neuen Programm gearbeitet wird, desto reibungsloser funktioniert es.

Stunden täglich sitzt der Erwachsene durchschnittlich auf seinen vier Buchstaben. Bereits Grundschulkindern werden rund neun Stunden in dieser Haltung abverlangt. Die Folgen sind Rückenleiden, Muskel- und Skeletterkrankungen.

4. Apropos Muskeln

Wenn sie nicht bewegt werden, verkürzen und verkleben sie. Viele Zeitgenossen kennen das Phänomen: Nicht nur, dass sie sich nicht mehr am Rücken kratzen können, nur noch die wenigsten kommen mit den Händen bei durchgestreckten Knien auf den Boden. Und es ist darüber hinaus eine Binsenweisheit, dass nur eine trainierte Muskulatur „Zivilisationsschäden" wie zum Beispiel Bandscheibenvorfall oder Gelenksknorpelerkrankungen vorbeugt und verhindert. Doch Vorsicht: Weil der Mensch rund 400 Muskeln mit sich herumschleppt, kommt es auch hier auf das Fein-Tuning an. Jeder hat eine andere „Muskel-Vita", zu denen auch Verkürzungen und Verhärtungen zählen. Dabei ist zu beachten: Der mit einer Art „Anti-Zerreißprogramm" ausgestattete Muskel ist eines der faszinierenden Organe. Er sorgt dafür, dass wir leben – siehe

---

Wer lange sitzt, ist früher tot

Forscher des Pennington Biomedical Research Center in Louisiana kamen unlängst zu dem Ergebnis: Schon mehr als drei Stunden tägliches Sitzen kann die Lebenserwartung reduzieren. Wer weniger als drei Stunden täglich in sitzender Haltung verbringt, hat eine um zwei Jahre höhere Lebenserwartung. Die Kollegen, die an der US-weiten Gesundheitsstudie „National Health and Nutrition Examination Survey" gearbeitet und dabei in 14 Jahren über 120 000 Amerikaner beobachteten, kamen zu dem Ergebnis, dass Männer, die täglich sechs oder mehr Stunden im Sitzen verbrachten, eine um 20 Prozent höhere Sterberate hatten als Personen, die nur bis zu drei Stunden täglich im Sitzen arbeiten. Bei den Frauen betrug der Unterschied gar 40 Prozent. Die lange Sitzerei beeinflusst nicht nur die Todesstatistik, auch unzählige andere Krankheiten sind die Folge. In Spanien zum Beispiel belegt eine Studie, dass diejenigen, die mehr als 42 Stunden pro Woche im Sitzen verbrachten, ein um 31 Prozent erhöhtes Risiko für psychische Erkrankungen besitzen, weil die fehlende Bewegung müde macht und Stresshormone nicht abgebaut werden. Denn der Körper stellt sich bei Stress auf Bewegung ein. Bleibt diese aus, kann der Körper die Stresshormone ab einem bestimmten Level nicht mehr gut kompensieren. Psychische Erkrankungen sind dann wahrscheinlich.

Herzmuskel –, signalisiert aber gleichzeitig, dass er gehegt und gepflegt werden möchte, andernfalls leiden wir unter Schmerzen, von denen die Rückenschmerzen mittlerweile den Rang einer Volkskrankheit besitzen. Das Programm für eine optimale Muskelfunktion sieht eine kontinuierliche Versorgung von Nährstoffen sowie eine Entsorgung der Stoffwechselprodukte vor. Funktioniert dieses nicht, kann der Muskel nicht mehr kontrahieren, was beim Herzmuskel zum Herzinfarkt führen kann.

Es ist durch unzählige Studien und Statistiken erwiesen, dass durch das Vielsitzen die Rückenmuskulatur verkürzt, Bauch-, Bein- und Gesäßmuskeln geschwächt werden. Schulter- und Nackenpartie sowie Wirbelsäule, Bandscheiben und Gelenke werden erheblich belastet. Weil sich im Unterleib viele wichtige Organe befinden, die Stoffwechsel und Verdauung regeln, ist Immobilität auch für diese Region eine große Gefahr.

Das Rückgrat: Stütze und Schwachpunkt zugleich

Denn die Magen-Darm-Tätigkeit wird durch langes Sitzen verlangsamt, was wiederum Stoffwechsel und damit das Immunsystem negativ beeinflusst. Ähnlich problematisch wird es für die Sexualorgane, wo mangelhafte Durchblutung im schlimmsten Fall zur Impotenz oder zu Libido-Verlust führen.
Schon wenige Stunden Sitzen reichen aus, um in den Blutgefäßen die Ausschüttung von Lipoproteinlipase (LPL) einzuschränken. LPL ist ein Enzym, das zur Fettverdauung benötigt wird. Ein Mangel würde zu höheren Blutfettwerten führen. Das bedeutet dauerhaftes Übergewicht samt allen unliebsamen Folgen. Dass im Sitzen außerdem die Durchblutung erheblich eingeschränkt ist, dürfte selbst für Laien nachvollziehbar sein. Das bedeutet eine erhebliche Steigerung des Risikos, irgendwann mit Herz-Kreislauf-Problemen zu erkranken. Und weil die Zirkulation in den Beinen erschwert wird, steigt natürlich auch das Thrombose-Risiko.

Doch nicht in den Beinen, sondern auch in anderen Körperteilen wird die Durchblutung eingeschränkt. Das Prinzip in diesem Fall ist ganz banal: Plaque setzt sich an den Gefäßwänden ab, verringert den Durchmesser und verschließt im schlimmsten Fall die Gefäße. Der Blutfluss wird gestoppt und die Regionen hinter den Gefäßen nicht mehr versorgt. Beim Herzen nennen wir das Herzinfarkt. Gefäßverkalkung kann darüber hinaus auch zu Schlaganfall und zu anderen gravierenden Störungen der gesamten Durchblutung führen.

5. Wenig Bewegung

Das scheint für die meisten Zeitgenossen kein besonders großes Problem zu sein – ob in der Stadt oder auf dem Land, ob bei Jung oder Alt: Selbst kurze Strecken werden häufig motorisiert zurückgelegt. Statt auf die Treppe geht's in den Aufzug oder auf die Rolltreppe, und – ganz ehrlich – wer lässt samstagsmorgens zum Brötchenholen nicht das Auto in der Garage?

Schon den Schulkindern wird Gehen und Laufen systematisch abgewöhnt. Stattdessen zwängt man sie in enge Schulbänke, wo sie still zu sitzen haben. Der natürliche Bewegungsdrang hat dann eine lange Pause.

Wenn heutzutage Ältere über ihre Schulzeit sprechen, hört sich das oft an wie Reiseberichte aus einer anderen Welt. Der Schulweg damals – ob in der Großstadt oder im Dorf – war gespickt mit kleinen Abenteuern. Die Kinder nahmen ihre Bewegung bewusst wahr, kein Wunder, sie waren ja mitunter 20, 30, 40 Minuten oder länger unterwegs. Sie freuten sich über die Kuriositäten auf der Strecke – und sie befanden sich in frischer Luft und bewegten ihre kleinen Körper. Abgesehen von der Phantasie ließen sich bei dieser Gelegenheit jede Menge soziale Eindrücke sammeln.

Fritz K., ist 41 Jahre alt, 1,75 Meter groß und 112 Kilogramm schwer. Er ist Abteilungsleiter in einer oberschwäbischen Trikotage-Fabrik und dort für die Rohstoffbeschaffung zuständig. Früher war er einmal Fußballer. Halbrechts. Heute schaut er sich die Bundesliga vom Liegesessel aus an. Die Bierflasche steht in Greifnähe. Doch ehe sich Fritz seinem privaten wöchentlichen Highlight hingibt, liegt eine harte Woche hinter ihm. 24 Meetings und wieder mal 13 Überstunden. Alle waren sie garniert mit dem täglichen Kantinenbesuch, null Bewegung sowie einem indiskutablen Aktionsradius. Alles, was in und um seinem schicken Privathaus gemacht werden muss, erledigen dienstbare Geister. Selbst die beiden wöchentlich anstehenden Bierkästen besorgt der mittlerweile 17jährige Filius. Kurz vor seinem Geburtstag im September machte ihm ein Ereignis einen Strich durch die Rechnung – es war der Besuch beim Hausarzt. Der Mediziner verbot seinem langjährigen Bekannten schlichtweg die für Mitte Oktober vorgesehene Geschäftsreise nach Shanghai. Der Grund: Hoher Blutdruck mit extremen Blutfettwerten und erhöhtem Cholesteringehalt sowie eine Angina Pectoris mit verstärkter Atemnot hatten den Mediziner zum Veto veranlasst. Fritz K. wäre dem Stress einer solchen Tour nicht gewachsen gewesen.

Klara L., Taxifahrerin aus Solingen, raucht seit dem 16. Lebensjahr. Die harten Franzosen mag sie am liebsten. Für Klara ist der 200er Benz das Fortbewegungsmittel in fast allen Lebenslagen. Sie erledigt alles, was nicht unbedingt zu Fuß gemacht werden muss, mit dem Auto. Nach dem

Arbeitsplatz Taxi: Kilometer macht nur das Auto

dritten Bandscheibenvorfall musste sie sich in der Düsseldorf Uni-Klinik einer Operation unterziehen, was ihren eh schon schwachen Bewegungsdrang noch weiter einschränkte. Als Klara neulich einer Kundin hinterher laufen musste, die ihre Handtasche im Taxi hat ließen lassen, verspürte sie ein starkes Stechen in der Brust und ein schmerzhaftes Ziehen bis in den linken Arm. Sie verlor das Bewusstsein. Als sie wieder zu sich kam, befand sie sich in der Notfall-Aufnahme des Krankenhauses. Diagnose: Hinterwandinfarkt. Mit einer Notoperation wurde ihr ein Stent gesetzt, der die verschlossene Ader offenhalten sollte. Klara L. hatte Glück im Unglück. Weil sie schnell genug in der Klinik war, konnte eine Schädigung des Herzmuskels gerade noch in letzter Sekunde verhindert werden. In der sauerländischen Reha-Klinik wurde ihr dringend geraten, sich viel mehr und vor allen Dingen regelmäßig an der frischen Luft zu bewegen. Im Alltagsleben fiel es ihr jedoch schwer, dieses umzusetzen und sie verfiel wieder in den alten Trott.

Stefanie Maria Graf, von der ganzen Welt „Steffi" gerufen, ist die erfolgreichste Tennisspielerin aller Zeiten. Die Sportlerin aus der Kurpfalz gewann 22 Grand Slam-Turniere und hält mit 377 Wochen den Rekord bei der Führung in der Tennis-Weltrangliste. 1988 siegte sie bei allen vier

Grand Slam-Turnieren und bei den Olympischen Spielen und gewann als bisher einzige Tennisspielerin den „Golden Slam". Diese einmalige Liste wäre nicht denkbar ohne ein auf sie persönlich abgestimmtes funktionelles Krafttraining. Dabei fand sie im schwäbischen Peutenhausen große Unterstützung. Josef Schnell, der Erfinder der Synchrontrainingsmaschine und Urvater des sogenannten Desmodromischen Krafttrainings, hatte gerade eine Maschine auf den Markt gebracht mit der sich eingelenkige Bewegungen trainieren.

Kenner der Szene sind sich sicher, dass die Bühlerin wohl unter anderem auch deshalb ihre grossen Erfolge feiern konnte, weil sie – wenn auch unwissentlich – Fraining gelebt hat: Sie kreierte ein individuelles, auf ihre Person abgestimmtes Programm, das das Ganze nicht als Tortur erscheinen lässt. Durch die Kombination von Ausdauer, Kraft und tennisaffinem Training konnte sie schließlich ihre einmaligen Triumphe feiern.

6. Leben heißt, sich bewegen

Unser Körper fühlt sich wohl mit einer dehnbaren, flexiblen und anpassungsfähigen Muskulatur. Schon in Sparta und Olympia pflegten Krieger und Sportler ihre Muskeln. Diese mussten auf alle Fälle flexibel sein. Behäbig-unbewegliche Figuren hatten keine Chance. Sie waren die ersten, die ins Gras bissen. Was für Perser und Griechen galt, gilt noch heute. Zwar bewegt sich der sogenannte moderne Mensch nicht mehr in der Rüstung, doch der Tageskampf des 21. Jahrhunderts spielt sich in anderen Rüstungen ab. Vor allem Arbeitsmediziner und Orthopäden wissen, was damit gemeint ist. Sie diagnostizieren Tag für Tag jede Menge Panzer – und zwar bei ihren Patienten.

Jogging: Jeder Schritt ist positiv für das Bewegungskonto

Denn diese leiden unter verkürzter und verhärteter Muskulatur. Der Grund liegt in den allermeisten Fällen bei der Bewegungsarmut, gepaart mit Faulheit. Sie ist eine der großen Volksbewegungen unserer Epoche. Fraining hat seinen ersten Buchstaben von „Flexibilität".
Das heißt, **F**lexibilität braucht **T**raining.

7. Was Fraining bewirkt

Fritz K., der verhinderte China-Reisende, erhielt von seiner Schwägerin einen Tipp: „Du solltest mal zu Herrn Röwekamp gehen." Joachim R. ist einer der ersten deutschen Frainer. Er hat seine Praxis in Stuttgart und ist Spezialist für schwierige Fälle, die sich ab und zu im Spitzenmanagement berühmter schwäbischer Marken ergeben. R. und sein Klient fanden von Anfang an einen guten Draht zueinander. Vielleicht lag der Grund dafür auch darin, dass der Textilmanager wusste, dass es so mit ihm nicht mehr weitergehen könnte. Noch vor dem ersten Termin in Stuttgart plagten ihn mitten in der Nacht Panikattacken. Diese waren neu. Aber auch die täglichen Verrichtungen bescherten zunehmend Probleme. Die Schnürsenkel schaffte er alleine nicht mehr und selbst ins Jackett kam er ohne fremde Hilfe nicht mehr hinein.

> **Sport kann Medikamente überflüssig machen**
> In einer der größten Studien, die je weltweit unternommen worden ist, präsentierten im Herbst 2013 die Forscher ihre Ergebnisse. Die Daten lieferten 300 000 Menschen, und die Frage lautete: Kann gezielte Bewegung im Frühstadium von Diabetes- oder Herzerkrankungen besser vor dem Tod schützen als der Einsatz von Arznei – in diesem Fall speziell die beliebten Blutdrucksenker? Antwort: Ja, Sport kann die bessere Präventionsmaßnahme sein. Die gemeinsame Studie von Forschern der renommierten London School of Economics and Political Science sowie der Stanford University, in der erstmals alle global verfügbaren Daten aus kontrollierten klinischen Studien zusammengeführt wurden, kam zu dem Ergebnis, dass Patienten vom verordneten Training deutlich profitierten; wenn sie sich regelmäßig bewegten, hatten sie ein geringeres Risiko, im Zeitraum der Studie zu sterben, als Patienten ohne Sportprogramm. Um die Erfolge mit den Effekten vorbeugender Medikamente zu vergleichen, durchforsteten die Forscher um Huseyin Naci (London) und John Ioannidis (Stanford) anschließend erneut die medizinischen Datenbanken um nach Studien zu suchen, in denen die Wirkung von Arzneimittel auf die Krankheitsbilder analysiert worden war. Resultat: Abgesehen von Diabetes können zwar auch Medikamente vor einem frühzeitigen Tod durch die Krankheiten schützen, allerdings ist der Schutz nicht besser als durch Bewegung: Bei Erkrankung der Herzkranzgefäße war Sport ähnlich effizient wie häufig verordnete Medikamente, darunter Statine und Betablocker.

Frainer R. verpasste Fritz als Erstes ein Pedometer. Damit konnte der Mann von der Rauhen Alb zum ersten Mal hautnah miterleben, wie wenig er sich in Wirklichkeit bewegte. Schon vor dem zweiten Check hatte ihn der Ehrgeiz gepackt und das Gerät zeigte auf einmal eine Verdoppelung der Schrittzahl an. Die vom Frainer empfohlenen Dehnungsübungen gehörten von nun an zum täglichen Repertoire des Ex-Bewegungsmuffels. Die Geschichte ist kurz erzählt: Nach acht Wochen keine Atemnot mehr und die Sache mit den Schnürsenkeln funktionierte jetzt auch wieder.

Nach einem Jahr hatte Fritz K. fast 32 Kilo abgespeckt und kam seinem Idealgewicht nur noch wenige Gramm nahe. Auch die anderen Malaisen waren perdu. Dafür sorgte die stringente Einhaltung des ganzheitlich angelegten Fraining-Konzepts.

Unsere bergische Taxifahrerin Klara L. konnte sich über ihr Geburtstagsgeschenk zum 50. nicht so recht freuen. Das Abonnement für den Zumba-Kurs drohte sich bereits während der ersten Stunde in Luft aufzulösen. Selbst einfachste Drehungen und Wendungen waren unmöglich. Ahnungslose Zuschauer mussten annehmen, Klara habe einen Stock verschluckt. Mit dieser Erfahrung stand sie an der Roten Linie. Die Frauenzeitschrift brachte eine Story über die Düsseldorfer Frainerin Vera S. und bei Klara funkte es. Die folgenden Funktionsprüfungen in der Praxis sorgten für einen weiteren Schock. Nach den Dehnungsübungen schließlich fand Klara Vertrauen in ihre Frainerin und deren Methode. Nach 20 Terminen setzte sie den unterbrochenen Zumba-Kurs wieder fort – mit großem Erfolg übrigens. Heute kann die Taxifahrerin Klara L. jedem Fahrgast mühelos die vergessene Tasche hinterhertragen. Sie kann wieder lange Strecken gehen und ihren Lieblingsweg als Kind, unter der Müngstener Brücke an der Wupper entlang, wo sie zuletzt vor 21 Jahren war, nimmt sie jetzt regelmäßig jede Woche.

8. Abgestimmt statt nachgeäfft

Sportärzte und Orthopäden können montags immer das gleiche Lied singen: Die Wartezimmer sind voll mit Fußballspielern, die allesamt mit ähnlichen Verletzungen in die Praxen gehumpelt kamen. Ob Knie- oder Fußverletzung – es klemmt immer an denselben Stellen. Wenn man den meisten Kickern bei ihrem Aufwärmen zuschaut, ist das auch kein Wunder. Denn von einer optimalen Vorbereitung scheinen die wenigsten etwas gehört zu haben. Dann präsentiert sich dem Fan statt funktionellem Stretching ein bizarres Schaulaufen, das nicht selten in Zerreißübungen für Muskeln und Sehnen ausartet. Und was für den Fußball gilt, gilt für andere Sportarten ebenfalls: Nur derjenige gilt als perfekt, der die sportartbezogenen Bewegungen beherrscht. Das heißt: Für jede Sportart lässt sich ein anderes Bewegungsmuster programmieren. Dem Sportler, gleich welcher Disziplin, kommt dabei entgegen, dass die Muskeln lernfähig, sprich programmierbar, sind. Je öfter das „Lernprogramm" abläuft, desto besser beherrschen es die Muskeln.
In der „Sitzgesellschaft", in der sich viele inzwischen eingerichtet haben, werden die Muskeln auf Sitzen programmiert. Eine Konsequenz daraus ist,

dass sich der moderne Mensch bei seiner Bewegung immer schwerer tut. Um dem entgegenzuwirken, quälen sich Tausende Tag für Tag durch Wald und Flur und joggen sich die Lunge aus dem Hals. Die frei werdenden Endorphine (Glückshormone) machen sie happy. Das Ganze kann dabei schnell zur Sucht werden. Erschreckende Bilder sieht man dann bei den vielen Volksläufen, wo die Freizeit-Haile-Gebrselassies daher geeiert kommen und sich um Knorpel und Wohlbefinden laufen.

9. Gecheckte Muskeln

Frainer ticken anders. Sie stehen auf Muskelfunktionsprüfung statt Hüft-Operation. Muskeln können sich nur zusammenziehen. Auseinanderziehen lassen sie sich entweder von der Schwerkraft oder vom „Gegenspieler". Funktioniert dieses nicht, können sie sich nicht mehr über volle Länge ausdehnen und zusammenziehen. Folge: Bewegungen und Kraft sind eingeschränkt. Muskeln lassen sich jedoch sehr leicht auf Kraft und Beweglichkeit testen. Wer schon einmal versucht hat, mit den Fingerspitzen und durchgestreckten Beinen den Boden zu berühren, kennt das schmerzhafte Gefühl in den Kniekehlen. Befinden sich bei dieser Übung die Hände nur kurz oberhalb der Knie, und es schmerzt schon, ist zumindest die Muskulatur auf der Rückseite der Beine stark verkürzt. Dann ist es Zeit, etwas zu tun: Die Muskeln sollten wieder angepasst werden. Der Druck auf die Gelenke wird sonst auf Dauer erhöht und die Versorgung der Knorpel leidet. So lässt sich die Muskulatur am ganzen Körper auch auf ihre Kraftentfaltung testen. Steht erst einmal fest, welche Muskeln aus der Balance sind, kann man handeln.

10. Länger ist besser

Viele sind schon auf den Hund gekommen. Das tägliche Gassi-Gehen mit dem Vierbeiner ist ein moderates Ausdauertraining und wärmstens zu empfehlen. Gehen, die natürlichste Art der Fortbewegung, belastet wenig, versorgt den Körper mit Sauerstoff und bringt gleichzeitig das Kreislaufsystem in Schwung. Fast besser noch ist Schwimmen geeignet – nicht nur weil im Wasser die Schwerkraft zum Teil aufgehoben wird, sondern weil bei diesem Sport noch mehr Muskeln benötigt werden, als etwa beim Laufen. Wie bei so Vielem, kommt es auch hier auf die Dosis an: Wer sich täglich 30 Minuten ausdauernd bewegt, tut seinem Köper etwas Gutes. Steigern sollte man das Training nur langsam, andernfalls schlägt der Effekt ins Gegenteil um und der Muskelkater kommt.

„Muskelkater", das sind mikrofeine Verletzungen, die zu unnötigen Pausen führen.

11. Muskelpower

Die Muskeln haben zwei Todfeinde. Der erste ist die extreme Ruhe („Wer rastet, der rostet") und der zweite ist das Alter. Jeder, der einmal einen Gipsarm hatte, weiß was damit gemeint ist: Schon nach kurzer Zeit baut der Muskel so stark ab, dass die Armknochen auf gespenstische Weise hervortreten. Darüber hinaus schwinden mit zunehmendem Alter die Muskelkräfte. Muskelkraft ist aber notwendig, um unterschiedliche Alltagssituationen zu bewältigen. Dazu gehören auch extreme oder unvorhergesehene Bewegungsabläufe (Stolpern). Durch diese plötzlich entstandenen Fliehkräfte entsteht ein Vielfaches des Eigengewichtes, das aufgefangen werden muss; gelingt dies nicht, kann es zu schweren Verletzungen kommen.

Ein zielgerichtetes, wohldosiertes Krafttraining schafft Abhilfe. Die Vorteile liegen auf der Hand: Der Muskel kann optimal kontrahieren und so seine vollen Kräfte entwickeln. Als Hauptverbrenner sorgt er darüber hinaus für einen florierenden Fettstoffwechsel. Aber auch hier gilt der Spruch der alten Griechen: „Alles Übermaß ist von Übel", oder wie Paracelsus sagte: „Die Dosis macht das Gift." Mit anderen Worten: Wer zu oft trainiert, schädigt sich nur. Frainer finden das richtige Maß und können so störungsfrei und ohne verletzungsbedingte Zwangspausen Spaß haben, weil sie wissen, wann Pause ist.

12. Die Ballerina in uns

Die große Volkskrankheit Prolaps, besser bekannt unter der Bezeichnung Bandscheibenvorfall, findet ihre Ursache meist in einer verkürzten und verhärten Muskulatur. Physiotherapeuten können ein Lied davon singen, welche Wunder sich mit gezieltem Stretching bewirken lassen. Denn ein knochenharter Muskel wirkt wie ein Schraubstock auf Knochen und Gelenke. Was einmal leicht und locker bewegt werden konnte, ist nun so stark zusammengepresst, dass bei jeder Bewegung extreme Reibungskräfte ihr Unheil treiben. Unter diesem Druck hat es schon

Gymnastik: Dehnung macht flexibel

manchen Knorpel zerrieben. Regelmäßiges Stretching sorgt für hohe Flexibilität. Frainer suchen sich aus der großen Palette der Möglichkeiten die Passgenaue heraus.

Ein Muskel kommt selten allein. Die meisten unserer Bewegungen laufen in sogenannten Muskelketten ab. Darunter versteht man das Zusammenspiel einer Art Muskel-Reihe (kinematische Kette), mit der sich bestimmte Bewegungen realisieren lassen. Wie bei jeder Kette gibt's auch hier starke und schwache Glieder. Und auch hier gilt: Das schwache Glied reißt zuerst. Die Kette kann nur funktionieren, wenn jedes Glied seine Aufgabe erfüllen kann. Muskeln sind also Teamplayer: Je mehr sie gemeinsam üben, desto besser funktioniert die Kette (intermuskuläre Koordination). Die Kommandos kommen in der Regel vom Gehirn, aber auch das Rückenmark hält automatisch ablaufende Programme (Reflexe) parat. Spezielle Übungsmethoden und Sportarten schulen ganz besonders dieses Zusammenspiel. Ehe jedoch die Muskeln kooperieren können, sollte man sich der schwachen Glieder annehmen. Ein Blick auf den Aufbau eines Muskels verrät, dass auch im Muskel selbst ein Zusammenspiel der einzelnen Fasern stattfinden muss. Für Frainer ist diese intramuskuläre Koordination von ganz besonderer Bedeutung, weil nur auf diesem Weg die schwachen Muskeln gestärkt werden können, was dann wiederum die Basis für eine reibungslose intermuskuläre Koordination ist.

13. Muskelpflege

Regeneration ist das A und O. Weder zu lang, noch zu kurz, sondern punktgenau – das ist die Kunst. Ein stark strapazierter Muskel ist wenig leistungsfähig und neigt zu Verletzungen. Entweder ist der Muskel selbst in Mitleidenschaft gezogen (Zerrung) oder er beeinträchtigt durch den Ausfall eines Kettengliedes andere Bewegungsabläufe. Gezielte Ruhepausen und Regenerationsmaßnahmen schaffen Abhilfe. Frainer sorgen durch ihre Planung nicht nur für einen optimalen Trainingsablauf, sondern auch für wohldosierte Pausen. Regelmäßige Saunagänge und Massagen sind nur ein Teil ihrer Möglichkeiten. Frainer können aber auch aus dem flexiblen Angebot der „Apotheke Natur" schöpfen; außerdem stehen viele naturheilkundliche Behandlungsmethoden bereit.

Was immer wieder falsch gemacht wird und wie man es richtig macht.	
FALSCH	**RICHTIG**
Training bei Schmerzen	Training nur bei Schmerzfreiheit
Zu langsame/schnelle Bewegungen	Angepasste Bewegungsgeschwindigkeit
Zu komplexe Bewegungen	Einfache Bewegungen
Zu schwere Gewichte	Angepasste Gewichte
Kein Stretching	Individuelles Stretching

14. Quintessenz

„Steffi Graf spielt heute nur noch zwei- bis drei Mal im Jahr Tennis. Sie hat genug – auch genug vom harten Training: „Das hat viele Spuren hinterlassen." Über ihren aktuellen Fitness-Status gab sie kürzlich in einer Frauenzeitschrift Auskunft: „Das Beste, um in Bewegung zu bleiben, sind Kinder oder Hunde. Am besten sogar beides. Allein vom Spazierengehen und Herumtoben mit meinen Kindern, mit unserem Black Coated Retriever und unserem Yorkshire-Terrier bekomme ich über den Tag verteilt, eine große Portion Extra-Workout." Steffi Graf ist inzwischen die geborene Frainerin: Kein Zwang, keine Trainingspläne, sondern nur noch das, woran sie Spaß hat. Sie liebt Ausdauertraining und joggt ab und zu, fährt sehr viel auf dem Rad und manchmal macht sie sogar Powerwalking: „Dieses Jahr habe ich wieder mit Gewichtstraining für den Oberkörper angefangen, weil ich gemerkt habe, daß ich hier etwas tun muß.

Kapitel 5: Mentale Balance

Millionen von Jahren überlebten die Menschen nur in Horden und Großfamilien. Jedes Mitglied hatte seinen festen Platz in dieser Gemeinschaft. Einer brauchte den anderen und die Aufgabenverteilung war geregelt. Alle Generationen lebten zusammen und unterstützen sich gegenseitig. Konflikte wurden meist innerhalb der Gruppe ausgetragen. Sie bot Schutz und Sicherheit. Unter den Gruppenmitgliedern entstanden Freundschaften und Liebesverhältnisse. Durch die Aufgabenverteilung fand jedes Mitglied einen Tätigkeitsbereich. Dessen Erledigung wurde von den anderen Mitgliedern mit Respekt und Anerkennung quittiert.

1. **Ein neuer Gesellschaftsvertrag**

Ganz anders sieht es heute aus. Die Großfamilie gilt vielen Fachleuten als Auslaufmodell. Scheidungsraten halten schon lange Rekordhöhen. Single ist Trumpf. Und das „Hotel Mama" ergänzt das Bild von der Bindungslosigkeit.
Auch wenn es in manchen Kreisen nur ungern gehört wird: Die Wahl des/der Fortpflanzungspartners/in läuft noch immer nach einer Art „Ur-Software" ab. Vielleicht ist das auch ein Grund dafür, weshalb die Single-Börsen wie Pilze aus dem Boden schießen. Dann werden auch falsche Altersangaben, Berufe und Haarteile in Kauf genommen. Es geht um nichts anderes als um Erfüllung der Sehnsucht nach ein bisschen Glück. Während sich für die Abgehängten durch die eintretende Einsamkeit der Stress meist noch erhöht.

Stichwort Stress. Die Nacht wird zum Tag. Zeitzonen spielen keine Rolle. Die Jagdgründe heißen Supermarkt und Internet. Cyber-Kommunikation statt persönlichem Kontakt sind hipp. Geht mal etwas gegen die Hutschnur, werden Anwälte mit der Konfliktregelung beauftragt. Die „Höhlen" – das sind warme, trockene Gebäude, fernab der Natur. Wissensvermittlung organisiert die Schule, die wir trockenen Fußes – manche sogar im Van der Mama – erreichen. Kein Wunder, dass viele mit all dem auf Dauer nicht mehr klar kommen und krank werden. Job- und Existenzängste setzen dieser Realität dann noch die Krone auf.
Besonders schlimm trifft es die Alten. Häufig ist der Sozialdienst oder derjenige, der das „Essen auf Rädern" vorbeibringt, die einige Adresse mit denen sie reden können.

2. Vom Ich, dem Über-Ich und dem Es

Dem Menschen muss also die Angst genommen werden. Wie wir wissen. Ist Angst eine ziemlich diffuse Stimmungs-Situation. Unter anderem hat sie ihre Wurzeln in den Wert- und Normvorstellungen der Gesellschaft, und diese sind nicht statisch, wenn man zum Beispiel an die „imposante Statur" oder an das Rauchen in der Öffentlichkeit denkt: Was früher chic war, ist heute uncool. Diese Normen zwingen das Individuum in ein Korsett, das er zu gerne sprengen würde, es aber leider nicht kann. Dann wächst wie in einem Überdruckkessel der Drang nach Befriedigung der individuellen Bedürfnisse. Dabei ist die Sache ganz einfach: Nur der Mensch selbst entscheidet, was er will; und nur der Mensch ist der einzige, der entscheidet, ob und wie er sich langfristig verändert. Diese Kontinuität ist es, die, wie die folgenden Beispiele zeigen, nur durch Fraining realisiert wird.

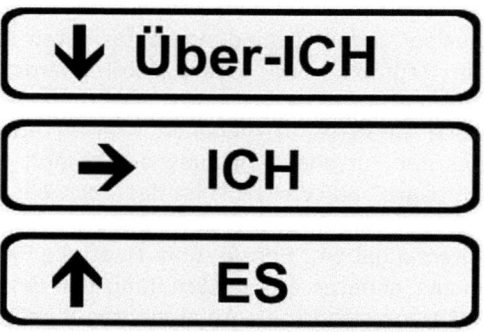

Denn das Freudsche „Ich" mit seinen Urtrieben und Bedürfnissen schreit nach Befriedigung. Der von Siegmund Freud als „Über-Ich" bezeichnete Ge- und Verbotsdschungel reklamiert vom Individuum Denk- und Verhaltsweisen, die ihm überhaupt nicht behagen. Verlangt man von einem Menschen ein bestimmtes Handeln bzw. Unterlassen, das er von vornherein ablehnt, wird er dieses entweder überhaupt nicht tun oder nur widerwillig und nur kurze Zeit.

Getreu dem alten Spruch „Gut Ding will Weile haben" zielt Fraining auf Kontinuität. Vor allem die mentale Balance muss ständig gepflegt werden. Dieses schafft die Voraussetzung dafür, dass ein stabiler Mensch mit den Widrigkeiten des Lebens gut zurechtkommt. Umgekehrt bedeutet dies, dass alle unbefriedigten Grundbedürfnisse dafür sorgen, dass sich der innere Leidensdruck erhöht. Mit anderen Worten, Fraining ist der Burnout-Verhinderer schlechthin.

3. Gipfelstürmer

Einer der größten Sportler-Koryphäen unserer Tage wohnt auf einer Burg im Vinschgau. Er heißt Reinhold Messner und gilt unbestritten als der erfolgreichste Bergsteiger aller Zeiten. Der Südtiroler, der auf allen 14 Achttausender der Erde stand, lebt nach dem Motto: „Dem Menschen muss die Angst genommen werden." Nur so, unter Ausnutzung aller Potenziale, könne jeder dorthin gelangen, wohin er will. Das gelte für alles – auch für die Wirtschaft. In seinem Buch „Berge versetzen" empfiehlt er den Managern, sich endlich auf die eigene Kraft zu besinnen und dabei – wenn es denn sein müsse – auch festgeschriebene Grenzen zu verschieben. Dieser mentale Kraftakt ist nicht zum Nulltarif zu haben. Bezogen auf seine Erfahrungen als Alpinist sagt Messner: „Wer hoch hinaus will, muss dies mit eigenen Füßen tun, denn auf den höchsten Gipfel führt keine Seilbahn."

4. Fraining – der mentale Weg

Wenn Sie jetzt für einen Moment die Augen schließen und darüber nachdenken, was für Ihre individuelle Entspannung am ehesten in Frage kommt, dann werden viele Bilder vor Ihrem geistigen Auge erscheinen. Zum Beispiel könnten Sie sich bei einem Ort auf einer Almwiese liegend sehen, blauer Himmel über Ihnen und die nach Kräutern und Bergblumen duftende Wiese ist Ihre weiche, harmonische Unterlage. Aber das ist bestimmt nicht das einzige, was Ihnen gerade einfällt, Sie führen Tausende ähnlicher Bilder in Ihrem „Archiv". Sie tragen damit einen Schatz in sich. Seit Psychologen festgestellt haben, dass sich Menschen immer nur auf eine einzige Sache konzentrieren können, wird die Vermutung Gewissheit, dass in dem Augenblick, in dem positive Bilder den Menschen erfreuen, alle Spannungen und negativen Gedanken verschwinden. Die daraus resultierende Lockerheit wirkt sich auf den gesamten Organismus aus.
Schöne Bilder sind das eine – schöne Melodien das andere. Wer kennt nicht das Phänomen „Ohrwurm"? Das ist jener eingängige Song, der im Autoradio als letztes wahrgenommen wird und der von nun an seinen Hörer den ganzen Tag über begleiten kann.

5. Wohlbefinden ist lernbar

Im Abschnitt über optimale Bewegung wurde beschrieben, dass Muskulatur programmierbar ist, wenn es darum geht, neue Bewegungsabläufe – wie etwa beim Tanzen – zu lernen. Das gleiche gilt auch für andere Körperregionen, wie zum Beispiel den Kopf. Ähnlich wie beim Autogenen Training, wo sich Menschen mit wenigen Formeln selbst zur Ruhe bringen können, lässt sich dieses Prinzip der Muskelprogrammierung für jegliche mentale Balance anwenden. Was immer man will, lässt sich mental programmieren. Ausschlaggebend sind die persönlichen Ziele. Frei nach dem Motto „Was man denkt, passiert".

Beispiel Einkaufen: Ehe Fritz Kaluschke in den Supermarkt fährt, hat er sich zu Hause aufs Einkaufen „programmiert" – nach eingehender Inspektion in den eigenen vier Wänden (Kühlschrank, Keller, Schreibtisch, Schränke aller Art) schreibt er seinen Einkaufs- und Erledigungszettel. Mit diesem und mit anderem Krempel wie Pfandflaschen, Altpapier etc., macht er sich auf den Weg. In den kommenden zwei Stunden wird er nichts anderes tun als diesen Zettel abzuarbeiten. Strukturiertes Vorgehen wie in diesem Fall lässt sich auch in jeder anderen Lebenssituation herstellen. Aber das hat sich noch nicht genügend herumgesprochen. Reinold Rehberger, Textchef eines renommierten Fachmagazins in München, berichtet folgendes: „Vor über zehn Jahren steckte ich in einer ziemlich fetten Lebenskrise, die fast alles absorbierte. An einem Juni-Samstag ging ich auf den Hirschberg. Ich fuhr nach Scharling am Ende des Tegernseer Tales. Als ich dort mein Auto am Parkplatz abschloss und die Wanderschuhe schnürte, nahm ich mir fest vor, dass ich in sieben Stunden, wenn ich wieder zurückkomme, für alle Probleme, die mich seit Tagen bedrückten, eine Lösung haben würde. Also stiefelte ich auf den

---

Mentale Balance – was ist das?

Angst blockiert. Dale Carnegie (1888-1955) brachte es auf die griffige Formel „Sorge Dich nicht, lebe!" Dieser Imperativ des amerikanischen Motivationsgenies reichte aus, um sein gleichnamiges Buch drei Millionen Mal unter die Leute zu bringen. Darin geht es um nichts anderes als um die Bewältigung von Problemen und Krisen. Dann muss die Schockstarre überwunden werden. Weil diese mitunter lebensbedrohenden Charakter hat und weil sie Menschen aus der Bahn werfen kann, kommen Lösungen eine ganz besondere Bedeutung zu, die ihn in die richtige Spur bringen. In dem Augenblick, wo der Furchtgetriebene ein neues Ziel entdeckt und ansteuert, treten seine Ängste sofort in den Hintergrund. Das Leben erscheint ihm plötzlich leichter – nicht zuletzt auch deshalb, weil es ihm gelungen ist, sich aus der Gedanken-Blockade zu lösen. Mentale Balance führt zur Flexibilität.

1700 hohen Berg, durch frische Luft und grünen Tann. Und je länger ich unterwegs war und dabei überlegte, desto klarer wurden meine Gedanken. In meinem Kopf entstanden viele positive Bilder. Allein der Gedanken an diese Bilder entlockte mir ein Schmunzeln und desto einfacher und lösbarer erschienen mir plötzlich meine Pläne und Probleme. Wichtige Ideen notierte ich sofort auf dem kleinen Block und als ich nach sechseinhalb Stunden wieder unten ankam, hatte ich mein Programm ‚geschrieben'. Dieses trotz allem überraschende Erlebnis beeindruckte mich sehr. Mit einem guten Bekannten tauschte ich mich Monate später darüber aus. Seine Erklärung: ‚Das ist ganz einfach, mein Lieber: Du warst in frischer Luft, hattest dich bewegt und du hattest den unbedingten Willen, deine Geschichten zu lösen.'"

6. In Corpore sano

Die mentale Befindlichkeit kann also völlig neu programmiert werden. In Zeiten, in denen die Probleme, privat wie beruflich, dem Menschen mitunter über den Kopf zu wachsen scheinen, ist eine gedankliche Neuorientierung oft das letzte Mittel, um aus einer drohenden Sackgasse herauszukommen. Dann werden Bedürfnisse neu definiert und Abläufe anders organisiert.  Das Nachdenken über sich und die Umgebung ist aber nur der erste Schritt eines Prozesses, dessen Ziel die Herstellung einer Balance von Individuum und Umwelt ist. Der Weg dorthin ist in aller Regel mit unzähligen guten Vorsätzen gepflastert. Als Antwort auf die Frage „Wie erreiche ich mentales Wohlbefinden?" wartet gleich eine ganze Reihe von Gegenfragen: War ich heute schon körperlich aktiv? Für welche körperliche Aktivität könnte ich mich am ehesten begeistern? Baue ich Bewegungspausen in dem Alltag ein? Habe ich konkrete Träume und Ziele? Was stimmt mich glücklich, was belastet mich? Kenne ich überhaupt meine Bedürfnisse? Was muss ich loslassen, um glücklich zu werden? Was würde ich gerne lernen? Was bremst mich, wenn ich etwas Neues lernen möchte? Wo liegen meine Talente? Wie will ich diese nutzen? Bin ich offen für Neues?

Fragen über Fragen. Doch bei aller scheinbaren Unsicherheit sollten wichtige Erkenntnisse nicht vergessen werden. So zum Beispiel die Tatsache, dass der Intellekt und das Vorstellungsvermögen eines der größten Kräfte im Universum sind. Geist lässt gesunde Menschen krank werden und sogar sterben. Geist lässt todkranke Menschen gesunden und leben. Geist lässt Menschen übermenschliche Kräfte entwickeln und Schmerzen aushalten, um andere zu retten. Geist lässt die Menschen aber auch im Gleichschritt denken und handeln und so zu Marionetten und willenlosen Subjekten kollektiver Meinungsmacher und Machthaber werden.

„In einem gesunden Körper wohnt ein gesunder Geist." In diesem Spruch des römischen Dichters Juvenal (60 bis 138 n.Chr.) scheint doch ein Stück Wahrheit zu stecken. Forscher der Sahlsgrenska Akademie (Göteborg) publizierten kürzlich eine Studie, die belegt, dass gute körperliche Fitness mit einem erhöhten Intelligenzquotienten einhergeht. Die Schweden hatten in einer langen Zeitreihe 1,2 Millionen junge Soldaten untersucht. Medizinprofessor Michael Nilsson kommt dabei zu dem Ergebnis: „Fitness in diesem Sinn bedeutet nicht Kraft, sondern gute Herz- und Lungenkapazitäten, die dem Gehirn viel Sauerstoff zuführen."

7. Ständiges Berieseln macht krank

Ein hochprofitabler Tummelplatz für Produzenten und Marketingstrategen ist der Milliardenmarkt Gesundheit. Hier geht es um Vorbeugen und Heilen, um Angst und Hoffnung. In diesem Humus können die „Player" ihre gesamte Klaviatur spielen. Geschürte Ängste, gepaart mit wohldosierten Fehlinformationen, ständig wiederholt, schwingen die natürliche Programmierung auf Gesundheit und Wohlbefinden energetisch auf Krankheit ein: Die Masse konditioniert sich auf Krankheiten. Angekündigte und medial hochgekochte Pandemien wie zum Beispiel Vogel- oder Schweinegrippe erzeugen in weiten Kreisen Überreaktion und Hysterie. Aber auch noch ein weiteres Phänomen erzeugt Kopfschütteln: Gesunde gehen zum Arzt,

Überforderung: Wenn die Angst den Alltag bestimmt

damit dieser partout eine Krankheit bei ihnen findet. In den Wartezimmern sitzen die eingebildeten Kranken, Betroffenheitsspezialisten und Beipackzettel-Interpreten.

Die große Frage heißt: Warum wird die Gesellschaft nicht gesünder, obwohl Jahr für Jahr Milliarden dafür um- und eingesetzt werden? Warum werden immer wieder neue Krankheiten und Grenzwerte erfunden? Und: Warum pflegen viele ihre Krankheiten anstatt sich endlich einmal um ihre Gesundheit zu kümmern?

Die Antworten könnten lauten: Krankheit erzeugt Mitleid, und Mitleid wiederum hat Zuwendung zu produzieren. Vorgabe scheint wichtiger als Vorsorge. Für nicht wenige aufmerksame Zeitgenossen steckt hinter diesem Trend nichts anderes als grenzenlose Gleichgültigkeit. Und so ist es auch ein Reflex auf den allgemeinen Zustand unserer Gesellschaft, in der sich Politiker und Beamte dazu berufen fühlen, den Einzelnen an der Hand und ihm die Verantwortung abzunehmen. Dass mit einer solchen „Philosophie" auch die Neid- und Mecker-Kultur produziert und gefördert wird, ist eine der bedauerlichen Konsequenzen.

Fraining geht einen völlig anderen Weg. Seine Losung heißt: Erwarte viel von dir und nichts von anderen. Weil dieser liberale, individuelle Ansatz nichts mit

Abschalten: Meditation als Schlüssel

Kollektivismus und seinen bequemen Nischen und Handreichungen zu tun hat, ist er ziemlich anspruchsvoll. Denn er verlangt vom Frainer und seinem Coach ein Höchstmaß von Flexibilität. Dogmen sind ebenso wenig erwünscht wie Phrasen oder Halbwahrheiten. Während diese traditionellen den Schutzraum für Geschäftemacher und Scharlatane bieten, ist die Kommunikation von Fraining real und ihre Ergebnisse jederzeit nachprüfbar.

8. Zufriedene Menschen sind gelöst, unzufriedene angespannt

Seit Jahren schon fasziniert eine Nachricht vom Dach der Welt die Menschen in Europa, Amerika und anderswo: In Bhutan leben die glücklichsten Menschen der Erde. Als Hauptgründe für diese Feststellung wird immer wieder das stoische Festhalten der 700 000 Einwohner am Immateriellen genannt. So etwas lässt sich nachprüfen oder auch nicht.
Auf jeden Fall ist das ein charmanter Gedanke.
Zurück in Europa. Wenn man davon ausgeht, dass der Mensch ein Produkt seiner Gedanken ist, liegt die Vermutung nahe, dass jedem Ziel ein

Mindestmaß an Ideen, Träumen und Wünschen vorausgeht. In manchen Fällen ist dieses nicht so einfach. Und zwar deshalb, weil viele Wünsche vor einem total unrealistischen Hintergrund geäußert werden. Dann will der junge Mann vom Typ „Spargel-Tarzan" innerhalb von vier Wochen unbedingt „Terminator" oder die leicht pummelige Verkäuferin „Deutschlands Super-Model" werden. Eine riesige Industrie hat sich ihrer bemächtigt – als Inspirator, Anwalt und als Abkassierer. Oft wissen die Menschen nicht mehr, was schön ist, weil man ihnen zu häufig vorgibt, was schön zu sein hat. Wo in diesem Zusammenhang die Schönheit bei Schlauchbootlippen oder bei Mega-Brüsten liegen soll, erschließt sich nur der betroffenen Industrie und ihren Claqueuren. Aufgespritzte Lippen und Silikon-Oberweiten belegen aber nichts anderes als die tiefe Unzufriedenheit mit dem eigenen Körper, von der viele Mädchen und Frauen infiziert sind. Sie beziehen ihre „Zielvorgaben" aus ebenso einschlägigen wie einfältigen Magazinen. Sie werden Opfer raffgieriger und inkompetenter Mediziner und müssen sich, wenn's dann noch besonders dick kommt, in schwachsinnigen TV-Formaten von Schreihälsen vor einem Millionen-Publikum vorführen und demütigen lassen. Dabei werden sie häufig von nichts anderem getrieben als dem Grundbedürfnis, begehrt und geliebt zu werden.

9. Das Märchen von One fits all

Glücklicherweise gibt es nicht nur den unzufriedenen, jeder Mode hinterherrennenden Trendsetter, sondern auch den zufriedenen, mit sich und der Welt in der Balance befindlichen Zeitgenossen. Den gibt es entweder „von Natur aus", oder aber als jemanden, der sich mit seinem Leben an einer Weggabelung wiederfand, an der plötzlich Korrekturen notwendig waren.

Ihm offerierten sich zwar unzählige Angebote, um mit der unangenehmen Situation fertig zu werden – von cool bis trendy –, doch entpuppten sich diese bei näherem Hinsehen als einseitiges Allheilmittel. Die Philosophie des One fits all lässt sich zwar überall gut als Marketingargument einsetzen, doch rauscht sie an den fundamentalen Bedürfnissen des Einzelnen grandios vorbei. Die Anhänger dieses Systems erreichen nichts Positives, sondern sie verschlimmern die ganze Angelegenheit nur, weil sie nicht in der Lage sind, dem Individuum in seiner ganzen Komplexität Rechnung zu tragen. Sie gehen immer nur auf Teilaspekte ein, glorifizieren deren Lösungen und vergessen darüber hinaus nur eines nicht: den eigenen Geldbeutel. Hunderte von Diätplänen, von der Industrie mit großem Aufwand propagiert, sind nachweisbar ineffizient und führen nicht selten sogar zu katastrophalen Gesundheitsschäden. Aber sie sorgen für einen Milliarden-Umsatz. In der seriösen medizinischen Forschung ist dieser Fakt mittlerweile unbestritten.
Gesunde Ernährung (und nicht nebulös „Diät") ist ein Markenzeichen von Fraining. Allerdings liegt aber auch hier der Teufel im Detail, denn was für

Fritz „Wohlfühlernährung" ist, kann für Franz eine Zumutung sein – völlig unabhängig von physiologischen Aspekten wie zum Beispiel der Tatsache, dass Spinat sehr gesund ist – er muss aber auch schmecken. Und so wie bei der Ernährung ist es mit den anderen Dingen auch. Das bedeutet, dass für jeden einzelnen andere Gesetze gelten. Das ist Fraining.

10. Die Kraft mentaler Balance

Der berühmte Fußballspieler Reinhard („Stan") Libuda, der einst als Kicker von Schalke 04 und Borussia Dortmund die frühe Bundesliga verzauberte, war süchtig. Wenn er sich nicht wohlfühlte, ging er vor dem Spiel zum Mannschaftsarzt: „Doktor, ich brauche wieder die Pille." Die bekam er dann auch. „Stan" spielte damit seine Gegner schwindelig und schoss so manches Tor. Erst nach dem Tod des „Flankengottes" im Jahre 1996 lüftete der Mediziner das Geheimnis: „Ich habe ihm immer nur eine Kopfwehtabelle gegeben."

Placebos gibt es überall. Und das ist auch gut so. Gäbe es dieses Ventil des dezent-frommen Selbstbetruges nicht, hätten wir es vermutlich mit noch mehr Aggressivität und Brutalität zu tun. Aber auch mit Niedergeschlagenheit bis hin zu suizidalem Verhalten.

11. Euphorie, der beste Motivator

Placebo hin oder her – auch hier gilt das Motto „Es gibt nichts Gutes, es sei denn, man tut es". Wer oder was hindert uns daran, es herauszufinden? Denn, hat uns erst einmal ein Gedanke gepackt – ob gut oder schlecht –, lässt er uns nicht so schnell wieder los.
Über die destruktive Kraft der Angst wurden mittlerweile ganze Bibliotheken zusammengeschrieben. Andererseits spornen positive Gedanken an. Dass Euphorie der beste Motivator ist, zeigt sich bei ganz banalen Anlässen wie etwa dem Anstieg auf den Berg. Ist das Ziel vor Augen, erhalten die Gedanken plötzlich eine Statik. Fexe wie Reinhold

Stress dominiert unseren Alltag
Berufsstress, Angst, Sorgen, Zeitdruck, sportliche Höchstleistungen oder eine bevorstehende Prüfung bedeuten für den Körper Stress. Er ist nach einem Urmodell programmiert und nimmt an, dass wir uns in einer gefährlichen Situation befinden. Er bereitet sich darauf vor, zu fliehen oder zu kämpfen. Kampf oder Flucht – diese Reaktion stammt noch aus Urzeiten, als die Vorfahren noch jagend und sammelnd durch die Wälder streiften und ab und zu einem aggressiven Tier oder einem feindlich gesinnten Artgenossen gegenüber standen. Dann ging es tatsächlich häufig um die Existenz: Bleiben oder weichen.

Messner kennen dieses Phänomen. Oben angelangt, überkommt sie dann ein Gefühl aus unbändigem Glück und Stolz.

Wir sind von Tausenden von Zielen umgeben. Nicht nur Gipfel, Prüfungen oder Diät, Karriere, Mann/Frau oder Rente. Sie geben dem Leben eine Struktur. Gleich, was es auch ist, es gilt auf jeden Fall und überall eine alte Bergsteiger-Regel: Ein Zwischenziel ist einzuplanen. Denn die Etappe besitzt einen gewissen Charme. Man hat schneller Erfolg und nichts ist schöner als der Erfolg; er motiviert und schüttet Endorphine aus. Und dieser Trick ist ein Naturgeschenk, das Schmerzliches vergessen und Freude aktivieren lässt.

12. Führung durch Begeisterung

Als Pfarrer Sebastian Kneipp 1836 in Augsburg als „Cholera-Kaplan" wirkte und dabei den vielen Kranken Trost zusprach oder deren Leben rettete, war er am Ende einer der wenigen Gesunden, die diese lebensgefährliche Tortur schadlos überstanden. Diese scheinbare Unverletzbarkeit basierte auf Kneipps Lebensstil sowie auf der von ihm wieder entdeckten Hydrotherapie. Der furchtlose Einsatz, gepaart mit zahlreichen Heilungserfolgen überwältigte die Augsburger derart, dass sie den frommen Mann samt Lebensstil und Wasserkur zu ihrem Vorbild erklärten. Diese Begeisterung hält bis heute und findet viele Nachahmer. Die in Bad Wörishofen ansässige Kneipp-Akademie lehrt noch heute nach den Schriften und der Philosophie des „Wasser-Doktors". Die Erfolge Kneipps begeisterten seine Zeitgenossen nicht zuletzt auch deshalb, weil der Pfarrer durch seinen Lebensstil überzeugte. Wäre Sebastian Kneipp 200 Jahre später aktiv, wäre er mit Sicherheit ein Frainer. Denn eines der Prinzipien lautet: Beispiel geben durch Vorleben. Nun verfügte Pfarrer Kneipp aber auch noch über eine andere ausgeprägte Fähigkeit: Er konnte zuhören. Nur so konnte er die später von Freud im Es beschriebenen verborgenen Bedürfnisse und Triebe seiner Schäfchen lokalisieren und interpretieren. Gleich einem Frainer fand er für jeden den individuellen Lösungsansatz.

13. Quintessenz

Der Alpinist Reinhold Messner feierte nur deshalb seine einmaligen Erfolge, weil er sich penibel auf seine jeweilige Aufgabe vorbereitet hatte. Bei Jet-Piloten zum Beispiel nennt man diese Vorbereitung „Chair-Flying". Während dieses Trainings setzen sie sich mit geschlossenen Augen auf einen Stuhl und lassen vor ihrem geistigen Auge alle erforderlichen

Handgriffe wie nach einer Checkliste ablaufen; dabei simulieren sie die Bewegungen. Durch dieses drillmäßige Vorgehen werden Geist und Körper auf das Bevorstehende konditioniert. Selbst in Extremsituationen lassen sich damit Fehler ausschließen. Denn dieser im Kopf mit Bildern programmierte Fahrplan läuft wie ein Uhrwerk ab – und beweist, dass Disziplin programmierbar ist. Noch heute bereitet sich Reinhold Messner auf diese Weise auf seine Touren vor: „Ohne konzentrierte Vorbereitung gehe ich keinen einzigen Schritt." Ähnlich läuft es bei Frainern ab. Wie Messner planen sie ihre Routen nach persönlichen Vorlieben und Möglichkeiten: Immer zielorientiert können sie ohne Umwege und unnötige Risiken das Gewünschte erreichen. Glücksgefühle und Zufriedenheit sind programmiert.

Fraining® – Plädoyer für eine neue Idee

Interview mit dem Personaltrainer Walter W. Nuth (Kreuzlingen/Schweiz) über seine Arbeit, den Umgang mit Menschen und den damit verbundenen ganzheitlichen Ansatz.

Frage: Herr Nuth, die Wiesen „Fitness" und „Wellness" sind inzwischen ziemlich abgegrast. Oder sehen Sie noch irgendwo einen grünen Flecken?

Nuth: *Man braucht das Rad nicht mehr neu zu erfinden. Seit Urzeiten sind Gesundheit und Wohlfühlen ein Thema. Man sollte die Begriffe zusammenführen – und zwar unter dem Begriff „Gesunde Lebensführung". Es ist schade, dass heute meist alles in Schubladen gesteckt und damit vieles getrennt wird, was eigentlich zusammengehört.*

Frage: Wie meinen Sie das?

Nuth: *Ganz einfach: Der Mensch ist eine Einheit und sollte auch so gesehen werden. Fitness und Wellness, unterteilt in fit für „aktiv" und well für „inaktiv", bedeutet nichts anderes als dass es auf der einen Seite der Mensch tun muss, während er andererseits wieder die Flügeln baumeln lassen kann. Den Werbestrategen unterschiedlichster Richtung kommt so etwas zwar sehr entgegen, aber gleichzeitig verbirgt sich hier die Crux, denn beides alleine für sich wird so zum Extrem. Zuviel Aktivität schwächt ebenso wie zu viel Faulheit.*

Frage: Wie lautet Ihre Empfehlung?

Nuth: *Wir brauchen Flexibilität. Weil der Mensch ein Individuum ist, muss er auch so wahrgenommen und in seinem unmittelbaren Umfeld betrachtet werden. Das bedeutet: Der Trainingsplan aus der Zeitschrift XY ist ebenso wenig massentauglich wie das schicke Wellness-Angebot des noch schickeren Hotels im Alpenvorland.*

Frage: Damit stellen Sie aber einiges in Frage!

Nuth: *Das stimmt. Nur können diese Autoren und Trainer unmöglich auf Tausende von Lesern und Interessenten eingehen. Nur ein Beispiel: Jeder Mensch leidet wegen Bewegungsmangel unter Muskelverkürzungen. Sie sind bei jedem unterschiedlich stark ausgeprägt. Werden nun diese* verkürzten Muskeln in der Muckibude dem Härtetest unterzogen, verkürzen sie noch mehr und es kommt zur Verstärkung der Fehlhaltung. Diese Zivilisationskrüppel leiden teils unter extremen Schmerzen, die oft noch nicht einmal mehr der Chirurg wegoperieren kann.

Frage: Das leuchtet ein. Wieso aber jetzt aber auch noch Wellness?

Nuth: *„Leben" heisst „sich bewegen" und nicht „bewegt werden". Wenn man sich nicht oder zu wenig bewegt, verlangsamen sich Stoffwechsel und Energiefluss. Das bedeutet: Das Wohlbefinden ist gestört. Ginge jetzt aber der Wellness ein gezieltes Training voraus, sähe dies ganz anders aus.*

Frage: Was empfehlen Sie also?

Nuth: *Grundsätzlich bin ich ein Gegner von Extremen. Es gibt hier eine Reihe guter Ansätze. Meine Erfahrung sagt mir, zunächst den Menschen in seinem individuellen Umfeld zu betrachten, zu analysieren und dann eine Empfehlung zu erstellen.*

Frage: Wie kann man sich das vorstellen?

Nuth: *In erster Linie ist jetzt der Coach gefragt. Das bedeutet: Flexibilität. Sie basiert auf einer umfassenden Erfahrung mit entsprechender Klientel. Dabei unterteile ich in vier Rubriken: Erstens Lifestyle, zweitens Ernährung, drittens Bewegung und viertens Mentale Balance. Bevor wir zur eigentlichen Arbeit kommen, haben wir alle Rubriken individuell abgeklopft. Das Coaching ist das Resultat dieser Anamnese. Um ein Beispiel zu nennen: Ehe wir zum Bewegungstraining kommen, haben wir eine Muskelfunktionsprüfung abgehakt. Ich weiss also genau um Schwächen und Stärken meines Kunden Bescheid und kann ihn gezielt fit machen. Ähnliches gilt für die anderen Rubriken.*

Frage: Zum Beispiel?

Nuth: *Bei Lifestyle sind unter anderem die Schlafgewohnheiten wichtig. Ein Schichtarbeiter lebt nach einem völlig anderen Biorhythmus als zum Beispiel ein Sachbearbeiter im Katasteramt. Bei der Ernährung analysiere ich die Essgewohnheiten, denn nur so kann ich die Bedürfnisse richtig einschätzen. Und bei der Mentalen Balance sind es vor allem die persönlichen Beziehungen, die viel über die Verfassung aussagen. Hinzu kommen Willensstärke und Empathie.*

Frage: Sind des Rätsels Lösung dann wirklich nur ein Check-up und die folgende Empfehlung?

Nuth: *Nein, wenn es nur so einfach wäre! Leider wird das viel zu häufig in Fitness-Studios oder von Ernährungsberatern verkauft. Ich begleite die Menschen mit Rat und Tat. Durch meine Empfehlungen verändern sie sich zum Positiven. Jedoch brauchen sie in gewissen Zeitabständen weiterführende und begleitende Empfehlungen, die ebenfalls individuell angepasst werden müssen.*

Frage: Warum geschieht das nicht schon überall so?

Nuth: *Das frage ich mich selbst schon lange. Wünschenswert wäre es. Stellen Sie sich vor, was der Volkswirtschaft erspart bliebe, wenn die Menschen leistungsfähig und gesund wären: Die Summe ginge jährlich in die Zigmilliarden. Ich bin davon überzeugt: Wenn wir als Therapeuten so arbeiten, dass wir unser Wissen flexibel und umfassend auf das Individuum anpassen, dann lautet das Ergebnis „Viel mehr gesunde, lebensfrohe Menschen um uns". Das Zauberwort heisst* **Fraining**.

Fraining® und sein vielen Facetten

- **Fraining®: Lifestyle**

- **Fraining®: Food**

- **Fraining®: Motion**

- **Fraining®: Mental**

Unter diesem Titel werden in deutscher Sprache demnächst die Schwerpunkte des gesamten Spektrums abgehandelt – als zusätzliche, tiefergehende Information diese Büchleins, dessen Anliegen es ist, die Leser für Fraining® zu sensibilisieren. Fraining® ist eine geschützte Wortmarke. Sie gehört der Bodyflex GmbH, CH-8832 Wollerau; www.bodyflex.ch.

i want morebooks!

Buy your books fast and straightforward online - at one of world's fastest growing online book stores! Environmentally sound due to Print-on-Demand technologies.

Buy your books online at
www.get-morebooks.com

Kaufen Sie Ihre Bücher schnell und unkompliziert online – auf einer der am schnellsten wachsenden Buchhandelsplattformen weltweit! Dank Print-On-Demand umwelt- und ressourcenschonend produziert.

Bücher schneller online kaufen
www.morebooks.de

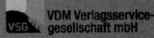 VDM Verlagsservicegesellschaft mbH
Heinrich-Böcking-Str. 6-8
D - 66121 Saarbrücken

Telefon: +49 681 3720 174
Telefax: +49 681 3720 1749

info@vdm-vsg.de
www.vdm-vsg.de

Printed by Books on Demand GmbH, Norderstedt / Germany